杨式八卦太极拳

李随印 著
路迪民 整理

人民体育出版社

杨式八卦太极拳创始人杨禄禅祖师（1799—1874年）

八卦太极拳创始人董海川祖师（1797—1882 年）

八卦太极拳第二代传人刘德宽
（1826—1911年）

八卦太极拳第二代传人程廷华
（1848—1900年）

八卦太极拳第三代传人吴峻山
（1870—1941年）

八卦太极拳第三代传人程海亭
（1872—1928年）

八卦太极拳第四代传人张骧伍（1887—1959年）

本书作者李随印（右）、路迪民（左）与著名武术家、西安体院教授杨宝生先生（中）合影

本书作者李随印（左）、路迪民（右）与陕西省武协主席、中国散打队总教练张根学先生（中）合影

本书作者李随印（右）、路迪民（左）与陕西省武协常务副主席、中国散打队领队田苏辉先生（中）合影

李随印先生在德国授拳留影

贺杨式八卦太极拳出版

法袭一传
流分其派

丙申腊月 杨宝生题

杨宝生先生为本书题字

弘扬武术文化

张根学 2017.5.26

张根学先生为本书题字

做一个有文化的武术人

国家武术队总领队：田苏辉

2017.6.1

田苏辉先生为本书题字

李随印先生传人表

中 国	刘晨辉	常学清	德 国	美 国
朱永金	王旭光	张立坤	方 宇	白乐文
刘小刚	江 林	王安邦	务 都	耐 克
蒋晓俊	郭 羽	翟方圆	托马斯	英 国
张小平	张 琪	李齐京	喔里巴	吉 末
刘小东	陈 川	李海宁	耐 塔	法 国
孙善银	孔凡建	李 海	律 达	飞里浦
赵 峰	唐建宋	王俊忠	亚 安	波 兰
舒登程	程振华	王其加	弟 弟	大 卫
王玲花	王玉琳	何毅雄		
王宏星	陈则希	吴彦杰		
李济民	赵益群			

一套国家裁判不认识的太极拳架

（代序）

路迪民

这也算中国武术比赛中的一件趣闻。

1988年7月，由国家体委举办的"第三届全国太极拳剑比赛"在广西桂林举行，以传统套路为主，每个省只能报五名参赛队员。陕西省经过选拔，"杨式太极拳"的民间传人李随印、张全安均被选中。

比赛结果，张全安荣获杨式太极拳第三名（前两名均为专业运动员），而李随印的比赛结果是："因项目不符，不予给分。"

杨式太极拳裁判组裁判长是李秉慈，副裁判长是陕西的徐毓儒。据徐老师说，李随印表演后，杨式组的五个裁判都不认识这个套路，当即集中讨论。李秉慈问徐毓儒这是什么拳，徐说："人我认识，拳不认识。"有人提议给零分。徐老师说咱们不认识怎么能给零分，人家也是当地一位名家。于是得出"因项目不符，不予给分"的决定。

下场后，陕西拳友问李随印："怎么不给你分？"李答："人家不认识，只认杨澄甫的太极拳"。问："你这是什么太极拳？"答："我这是杨澄甫他爷爷传的太极拳。"惹得大家哄堂大笑。

真的，李随印所练的拳，就是杨澄甫的爷爷——杨式太极拳创始人杨禄禅所传，和杨澄甫定型的架子不同，他们称为"杨式太极拳老架103式"。不仅如此，该拳还是杨禄禅和八卦掌泰斗董海川共同创编的兼具太极拳、八卦掌、形意拳优点的上乘内家拳术，在太极门和八卦门中都有极为缜密的传授。太极门的套路是以太极拳为基础，故称"杨式老架"，确切名称应该是"杨式八卦太极拳"；八卦门的套路以八卦掌为基础，通称"八卦太极拳"。国家武术院知道这个拳种，据说经过调查，认为已经失传。评委不认识，不足为奇，然而判为"项目不符"是错误的。

李随印的师父，就是当年中央国术馆的副馆长张骧伍。他从八岁起就在西安跟张骧伍学拳九年，深得其真谛。也许因为年幼，师父对源流讲得不多，他只知道祖师是杨禄禅，师父张骧伍是跟中央国术馆教务长吴峻山学来的。笔者研习杨式太极拳几十年，对杨式老架也很关注。经多次采访李随印先生，确认李随印先生所继承的套路，是并未失传而濒临失传的"杨式八卦太极拳"，是中华武术的一朵奇葩。2006年，笔者在《武林》第6期发表《八卦太极拳及其在西安的传承》一文，对"八卦太极拳"的源流及"杨式八卦太极拳"的特点做了系统介绍。后在拙著《杨式太极拳三谱汇真》及提供给《永年太极拳志》的初稿中，都将"杨式八卦太极拳"做了记载。

李随印先生早年秉承师训，将"八卦太极拳"不传也不公开练。直至上世纪80年代开放盛世，他觉得不能使中华民族的文化瑰宝失传，太极拳"源于中国，属于世界"，应该把它奉献于社会，为人民造福。遂摈弃传统陋习，将"杨式八卦太极拳"广为传授。除国内弟子外，从学者还有美国、法国、德国、波兰学员。他还多次亲赴德国传授。在人民体育出版社谢建平女士的支持下，现又决定由笔者协助整理出版，这无疑是对中华武术宝库的一份重要贡献。

该书源流部分，主要由我根据李先生提供的和我收集的有关资料整理而成，可能有不够确切或遗漏之处。拳架分解是由李先生提供初稿，再由他讲解示范，最后由我按他讲解的录像整理定稿，并拍摄拳照。王岩女士参与了录像的拍摄和制作工作。由于我对该拳的技理尚不精通，虽忠实于著者口述，亦难免遗缺疏谬，诚望方家指正。

2013年，我应邀赴云南大理参加"大理国际太极养生高峰论坛"期间，刘永康先生和李学友先生向我介绍了"八卦太极拳"在云南的流传情况，获益匪浅。本书也参考了《中国武术大辞典》《中国太极拳大百科》以及网上的有关资料。对于所有介绍、弘扬八卦太极拳的朋友及支持本书出版的同道们，笔者在此表示衷心的感谢！

同门师弟李随印精武当八卦太极拳及昆吾剑法功力精湛炉火纯青一九六五年春相识于郭叔薛家时邢国龙老师率子徒长住左席郭君介绍随印师弟乃张襄五先生逕门弟子也张先生从学于形意八卦名家刘德宽前辈竟俊幸遇八卦前辈未唯一囧武当剑法共李景林裴锡荣弥

高银鹤先生序言

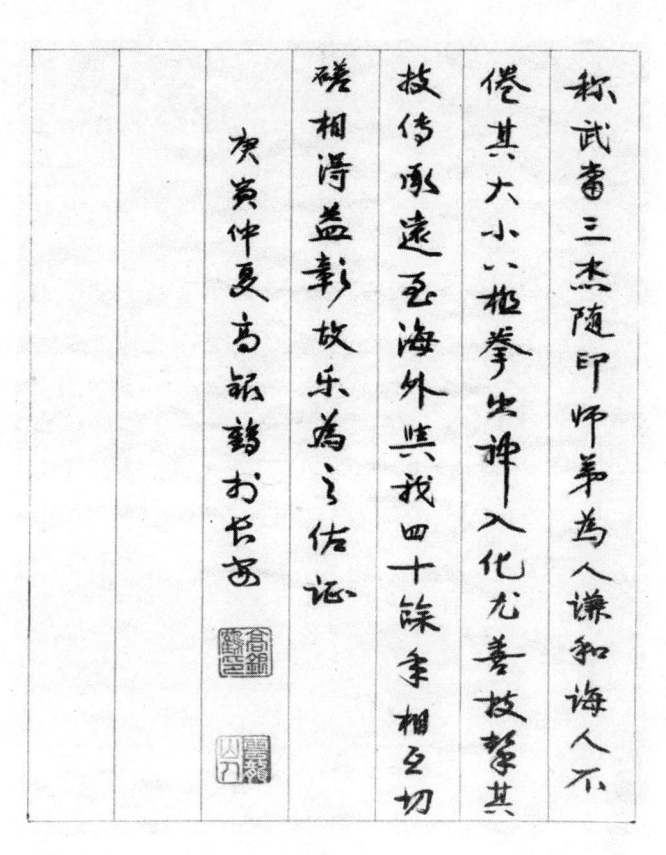

称武衍三杰随印师弟为人谦和诲人不倦其大小八极拳出神入化尤善技击其技传承远至海外共我四十馀年相处切磋相得益彰故乐为之佐证

庚寅仲夏高银鹤於长安

高银鹤先生序言

自 序

李随印

我的少年时期，体质虚弱，经常受人欺侮，心里就有了练习武功强健身体的欲望。也许是天缘，竟然遇到一位身怀绝技的高人。

那是我八岁时，哥哥李润印带我到他的同学张中元家去玩，张中元与我哥同岁，都是1938年生。他们从小一起玩，亲密无间。谈话间，我听说张中元的父亲武术很好，就勾起心思，向他父亲说："伯伯，我也想学武术。"老人笑道："好啊！练武要吃苦，你能吃苦吗？"我马上回答："能！"老人沉思片刻，说："那我就收你做个小徒弟吧！"他让我向他磕了个头，并讲述了一些武林规矩。师徒关系，就在这玩耍期间，实则严肃地建立了。

后来我才知道，我的师父，就是名扬中外的原南京中央国术馆副馆长张骧伍。

拜师第二天起，就开始了我的武术生涯。为了让我增强体质，师父先教我"八极拳"，锻炼惊、弹、抖、崩、砟、挨、挤、靠等劲。待到八极门的各类功夫有了明显提高之后，又开始传授"八卦掌""杨式太极拳老架103式"。以后我还认识到，他传授的杨式太极拳，与一般杨式太极拳不同，是在杨式太极拳的基础上吸收了八卦掌、形意拳的技艺和特点的上乘内家武术，确切名称应为"杨式八卦太极拳"，是濒临失传的武林奇葩。

师父不但教我拳架，还对每式的要领、用法、理论基础进行反复讲解，使我明白了阴阳之理、刚柔之义、虚实之变，明白了太极拳是法天地而达宇宙的哲学拳、智慧拳，是人在无为中以达身心健康、延年益寿的大道。师父那矫健的身影历历在目，其尊道爱徒、诲人不倦的精神，永生难忘。

离别师父后，我谨遵师训，几十年如一日，坚持演练。我还拜访了一些武术界贤达。如杨式太极拳名家沈子荣先生、侯志明先生，吴式太极拳名家文公远先生，赵堡太极拳名家郑悟清先生、侯春秀先生，八卦掌名家郭叔蕃先生、高龙俊先生，形意拳名家张治坤先生、徐长治先生、马思臣先生等。通过众多老师和同道的指点切磋，使我的拳艺不断提高。

改革开放盛世，给中华武术带来无限生机。我也遵循中华武术"源于中国，属于世界"的理念，大力推广八卦太极拳，为弘扬神州瑰宝作出了微薄贡献。《杨式八卦太极拳》一书的出版，路迪民教授劳苦功高，我谨向他以及指点过我的武术贤达，为本书题词的张根学先生、田苏辉先生、杨宝生教授，参与录像制作的王岩女士等等，表示衷心的感谢！

该书的出版，也是献给我的恩师张骧伍先生在天之灵的一瓣心香。

目 录

第一章 杨式八卦太极拳综述 ……………………（1）

第一节 八卦太极拳源流 ……………………（1）
一、八卦太极拳的初创 ……………………（2）
二、八卦太极拳的发展 ……………………（3）
三、八卦太极拳的分支 ……………………（4）
四、八卦太极拳源流表 ……………………（9）

第二节 张骧伍先生传略 ……………………（12）

第二章 杨式八卦太极拳动作详解 ……………（17）

第一节 八卦太极拳动作名称 ……………（17）
第二节 动作图解的说明 ……………………（19）
第三节 八卦太极拳动作图解 ……………（20）

第一章　杨式八卦太极拳综述

第一节　八卦太极拳源流

中国的八卦太极拳,从目前所见资料,主要有三种类型。

第一种,赵堡太极拳中流传的套路。该套路是上世纪二三十年代由山东聊城马永胜先生所创,现有西安赵堡太极拳传人赵增福先生所著《中国八卦太极拳》一书(世界图书出版西安公司,2001年第1版)。其特点是按照八卦的八个方位,分为八路演练,其中吸取了杨式和其他流派一些动作名称,并含有"五禽""五兽"的动作形态。

第二种,宁夏流传的套路。这是在八卦掌、太极拳的基础上,结合回族拳术的特点而创编的,流传于宁夏西吉、海原县等地。其动作慢中有快,柔中有刚,变化多端。势名有"拦雀尾来斜单鞭,提手上势平眼看,白鹤亮翅腾空起,搂膝拗步走满山"等[1]。

第三种,是由杨式太极拳和八卦掌传人联合创编的兼具太极拳、八卦掌、形意拳三家精华的上乘内家拳术。这种套路,传授极为缜密,曾被认为在大陆已经失传,近十几年逐渐面世。据目

---

[1]中国武术大辞典编辑委员会. 中国武术大辞典[M]. 北京:人民体育出版社,1990:150.

前所知，陕西、云南、山东、天津、黑龙江、台湾，均有传授。不同师门的套路名称及动作名称也不尽一致。本章所述的"八卦太极拳"，就是单指这种类型。

八卦太极拳的起源与发展，有多种说法。我们综合各分支的记载，试作如下梳理。

一、八卦太极拳的初创

19世纪中叶，以杨禄禅为旗帜的杨式太极拳，以董海川为旗帜的八卦掌，一度在北京声名显赫，不仅展示了内家拳以静制动的神奇技艺，开启了近现代中华武术的新篇章，而且在传授理念上，也增强了各流派之间的互相学习和交流。这是八卦太极拳产生的时代条件。

号称内家三拳的太极拳、八卦掌、形意拳，各有特色。当时武林流传着"太极画圆，八卦转圈，形意触点"以及"太极在圆心，八卦在圆周，形意在直径"的说法。一般认为，太极拳的引化拿发，以柔克刚，颇具特色；八卦掌以身步轻灵、变化奇诡见长；形意拳的发劲刚猛，有独到之处。据说，董海川为了集众家之长，首先在八卦掌的套路中融入了太极拳的行功技法，并吸取形意拳的劲法，作为八卦掌练习的一种提高途径。杨禄禅知道后，认为这是武学理念的重大突破，也在太极拳中加入八卦掌的一些独特技法，与董海川进行交流，还请益于形意拳名家郭云深。于是，"八卦太极拳"应运而生。

但是，因为社会上的门派观念影响深远，加之新创的八卦太极拳难度较大，董海川和杨禄禅都只能在本门的个别弟子中秘密传授。不仅没有公诸社会，连"八卦太极拳"的名称也没有。

由于传授的缜密，在八卦太极拳的各分支中，对于八卦太极拳的产生也说法不一。有人说由杨禄禅所创，有人说由董海川所创，有人说由杨禄禅的女婿夏国勋与人共创，也有人说由刘德宽与程廷华共创，还有人说由刘德宽以枪换拳而来。其实，不同说法都反映了事实的一个侧面。综合各种说法，八卦太极拳的诞生，应当是由董海川和杨禄禅两位前辈共同开创的一个丰功伟绩。

二、八卦太极拳的发展

董海川、杨禄禅去世后，八卦太极拳在其个别弟子中继续研习。主要人物是董海川的弟子刘德宽、程廷华，杨禄禅的女婿夏国勋。

刘德宽，字敬远，河北沧州人。自幼习武，早年以六合大枪驰名，被誉为"大枪刘"。他博学广交，至京师后，从董海川学八卦掌，从刘示俊学岳氏散手，从杨禄禅学太极拳。1884年，又与程廷华、李存义（郭云深弟子）、夏国勋、李魁元、张占魁等人结为金兰。特别是他摈弃陈规陋习，倡议八卦、形意、太极为友门，交流拳技，并且在此基础上，立志集各家之长，熔八卦掌、太极拳、形意拳于一炉，创建顶尖水平的武功技艺。于是，在刘德宽、程廷华、夏国勋的精研下，使八卦太极拳继续发展，渐趋成熟。刘德宽可谓八卦太极拳的第二代核心人物。

程廷华，河北深县人。自幼入京学徒，后在崇文门外开设眼镜店，人称"眼镜程"。二十八岁拜在董海川先生门下，深得八卦掌之精奥，他还将自己从小所习摔跤等技艺融入八卦掌中，逐步形成了风格独特的"程派八卦掌"，广泛传授。他将"八卦太极拳"秘传其子程海亭，同时传给吴峻山。1900年，程廷华在反抗八国联军的战斗中牺牲。

杨禄禅的女婿夏国勋，将其从杨禄禅所学与刘德宽相互交流，又传给程廷华之子程海亭。刘德宽将其从董海川所学与夏国勋交流，又传给程海亭、吴峻山、郭古民、李元智。吴峻山又与程海亭相互交流。在第三代传人中，程海亭和吴峻山是两个核心人物。

如果说杨禄禅、董海川的初创套路，还属于本门技艺的提高手段；刘德宽等人的努力，则是有目的、有计划地综合创新。"八卦太极拳"的名称，大概就在此时产生。

三、八卦太极拳的分支

八卦太极拳创立后，秘传性质始终没有变，传人的选择相当严格。获得此艺者，大多将其视为私房武术，从不轻易示人。加之"因材施教"的方法，故而在拳架名称及动作上各有千秋，并且逐渐形成现代流传的各个分支。

程海亭传郭铸山、蒋馨山，郭、蒋各自形成其传授系统，成为两个分支。此两分支常称其拳架为"程传八卦太极"，主要在济南和京津地区流传。郭铸山传张万英、乔宏儒等，张万英传陈立新、王明星、张凤杰等；蒋馨山传孙宝林，孙宝林传赵振生，赵振生传朱锐等。

吴峻山，字德连，北京人。生于1870年，逝于1941年（有些资料对其生卒年代写法有误）。自幼嗜文喜武，精六合拳。20多岁时，先从韩福顺学八卦掌，造诣日深。后遇八卦掌第二代传人刘德宽先生，刘德宽见他聪明好学，忠厚勤奋，已有较深八卦掌功底，遂将八卦掌的易理、拳理、拳谱、内功心法，倾囊相授，还给吴峻山传授了八卦太极拳和自己创编的有关套路。

1930年，吴峻山被中央国术馆馆长张之江聘为国术馆教务处处长。他在中央国术馆主要传授八卦掌，培养了很多优秀武术人才，其传人有傅淑云、刘玉华。两人曾于1936年代表中国参加了在德国柏林举行的第十一届奥运会的武术表演，被誉为巾帼英雄。吴峻山在中央国术馆也给个别人传授了八卦太极拳，主要有中央国术馆副馆长张骧伍，以及傅淑云、何福生、张文广等。1938年，中央国术馆因抗日战争迁至昆明，吴峻山一直随馆任教。1941年8月，中央国术馆北迁重庆，吴峻山随馆迁移途中染疾，因旅途坎坷，缺医少药，于当年十一月初四逝于江津县白市驿。

张骧伍作为中央国术馆副馆长，得到教务处长吴峻山的悉心传授。他没有随国术馆前往昆明，后供职山东军界，后又定居西安授拳至1959年。在西安所授拳架称为"杨式太极拳老架103式"，实际是八卦太极拳的另一个重要分支。主要传人有田振峰、王应铭、李随印等。

李随印先生，1942年生，陕西西安人。他八岁即从张骧伍先生学艺，受教九载，深得八卦太极拳之奥秘，六十多年演练不辍。他把这套拳不但在国内传播，并且传向欧美等地。弟子有陕西朱永金、赵嘉庆、任曼青、李晓航、刘小刚、孙善银、赵峰，山西李齐京，青海王俊忠、李海宁、李海，以及德国托马斯、务都、方宇，美国白乐文等。

傅淑云作为吴峻山的得意门生，也是八卦太极拳第四代传人之一。她在上世纪50年代移居台湾，晚年移居美国。然其对八卦太极拳并未公开传授，待晚年欲整理问世时，却于2004年在美国猝然仙逝。

吴峻山的传人何福生，回族，河南南阳人。早年随其祖父何玉山学艺，专攻查拳。1928年经国考被中央国术馆录取，1931年毕业后留国术馆任教，后随中央国术馆迁至昆明。新中国成立后，曾长期担任云南省武术队教练，培训了不少全国武术冠亚军，也培养了一批八卦太极拳传人。他在昆明香火旺盛的真庆观传授八卦太极拳，为适应比赛需求，将128式的八卦太极拳改编为53式。在1995年少数民族运动会上，何福生的学生苏自芳以八卦太极拳获得冠军。李学友先生亦得何福生之传，使八卦太极拳在云南其他地区开花结果。

何福生先生为云南弟子写有一篇"八卦太极拳简介"，是非常重要的八卦太极拳源流资料，全文如下：

> 八卦太极拳是八卦掌第三代传人吴峻山老师1930年南下，受聘南京中央国术馆教授。据峻山老师口授，系当代八卦掌鼻祖董海川与杨氏太极祖师杨露禅同在皇宫奉禄，白天工作，夜静无人进行比试，连比三昼夜，不分胜负，以武会友，成为至交，结盟为兄弟，互相传授八卦和太极。经董海川多年研究，将太极拳精华熔汇到八卦掌内，成为"八卦太极拳"。八卦掌第二代传人眼镜程传授给吴峻山老师。
>
> 当年峻山老师在中央国术馆教授时，在教授班一、二、三期中选出优秀学员八名，我在被选之列，亲自口传身教，然后再由我八名下基层辅导全体学员。辅导过程中，峻山老师亲临现场检阅我八名辅导教学情况。下课后又现身指导教学中存在的问题和不足之处。经过反

复实践，进步显著。

  1938年抗战时期，中央国术馆培养基层武术骨干，又把我从国术馆体育专校调回中央国术馆负责教学任务，再次与峻山老师共事，相处约半年之久。每天晨操后即与峻山老师专研推手，受益更深。

  原八卦太极拳套路，重复动作过多，不适宜当前竞赛规则要求，经我多年教学实践，根据比赛要求，重复动作尽量删除，保持原有精华及结构，按规则规定六分钟完成全套动作。练完后感受非常舒展自如，轻松优美。

  本套路修改后由第十一届亚运会太极拳冠军苏自芳用本套路参加全国第四届民族体育运动会比赛，超过了所有项目获得冠军。

何福生识　1994年7月

  何福生先生所说的吴峻山"1930年南下"，是由北方到了南京，在中央国术馆任教。"国术馆体育专校"，全名叫"中央国术馆体育专科学校"，简称"中央国体专校"，是中央国术馆附设的一个培养体育教师的学校。中央国术馆和中央国体专校1937年迁至长沙，1938年迁至昆明，1941年又迁往重庆。

  何福生先生说八卦太极拳是由"八卦掌鼻祖董海川与杨氏太极祖师杨露禅"共创，并由"八卦掌第二代传人眼镜程（即程廷华）传授给吴峻山老师"，是对八卦太极拳源流和吴峻山师承关系的重要证据。当然，众多关于吴峻山得传于刘德宽的说法也是事实。

  吴峻山在昆明执教期间，另有一些传人。

蒋勋培，云南鹤庆人。自幼嗜武，20余岁武艺已出类拔萃，曾与人共建"云南振武社""云南英武社""云南国术团"等组织。1932年被滇军驻昆高级将领聘为武术教官。抗战初，曾为中央国术馆迁至昆明的新校址四处奔波，中央国术馆馆长张之江特嘱吴峻山收蒋勋培为徒（追随吴峻山学习的还有朱煊、张法孟、张镜园、陈秉衡等）。蒋勋培在云南主要传授八卦掌，关于八卦太极拳，一直藏而不露，直至上世纪60年代，才开始择人而教。本世纪初，蒋的另一学生追忆整理出《蒋氏108势八卦太极》，由其学会秘书长何曙刚延续传授。

张法孟，山东寿光县人。幼好拳术，初习少林长拳等。1934年在杭州国立艺专学美术时，师从吴峻山门生陈秉衡老师学拳。后来杭州国立艺专和南京中央国术馆同迁云南昆明，张法孟经陈秉衡介绍，拜吴峻山为师，学习八卦太极拳。新中国成立后，他先后供职于东北鲁迅艺术学院、沈阳鲁迅艺术学院、哈尔滨中医学院等单位，将八卦太极拳也传授到了哈尔滨等地。

何学诗，籍贯不详。他曾在中央国术馆体育专科学校学习，毕业后留任该校教员。据其女婿所述，何学诗的八卦太极拳是吴峻山亲传。另说其八卦太极得自李元智或何福生（李元智为体育专科学校国术部主任，何福生为该校讲师）。新中国成立后，何学诗一直在昆明市第十四中学任体育教师。他的八卦太极，其女婿得其真传。

刘德宽的传人郭古民，原名德仓，河北省冀县人。早年到北京随八卦掌名师梁振鄂学练八卦掌，后又得到刘德宽先生倾囊相授，且受程廷华、史纪栋、程海亭指点。现代传人吴永山曾于2002年在《武魂》杂志5、6、7期连续发表了此套拳架的练法。

李元智，字慧伯，河北沧州人。"元智"之名，乃幼时和尚所赐。家贫无力就学，10岁开始习武，从佟忠义学六合拳法及摔跤、擒拿，从刘德宽学八卦掌和八卦太极拳。1928年考入中央国术馆，毕业后留校任教，曾任国术馆某处副处长，亦在国术馆体育专科学校任教。1937年迁至昆明，1945年随体育专科学校至天津，任训导主任。1950年迁居台湾，一直传授武术。主要传人有赵福林、朱训君等。赵福林先生一生致力于武术推广，学生众多，其八卦太极拳传承者有景国华、利瓦伊平（李元智之女）、许峻玮等。

四、八卦太极拳源流表

综合以上所述，特作"八卦太极拳源流表"如下：

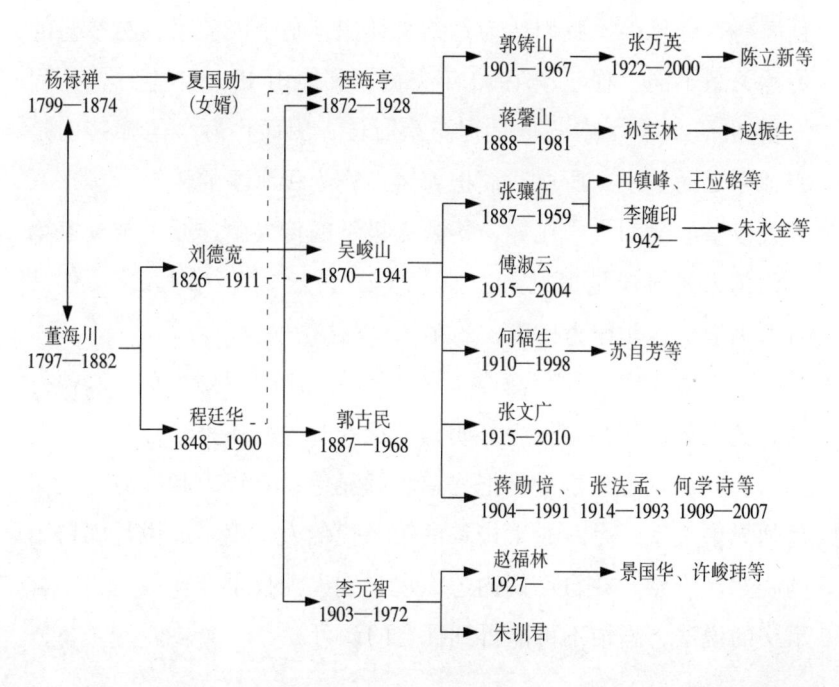

```
杨禄禅 ──→ 夏国勋 ──→ 程海亭 ──→ 郭铸山 ──→ 张万英 ──→ 陈立新等
1799—1874      (女婿)    1872—1928   1901—1967  1922—2000
                                    ↘ 蒋馨山 ──→ 孙宝林 ──→ 赵振生
                                       1888—1981
                              
                                    ↗ 张骧伍 ──→ 田镇峰、王应铭等
                                      1887—1959  ↘ 李随印 ──→ 朱永金等
                                                    1942—
         刘德宽 ──→ 吴峻山 ──→ 傅淑云
         1826—1911   1870—1941   1915—2004
董海川                              ↘ 何福生 ──→ 苏自芳等
1797—1882                              1910—1998
         
                                    → 张文广
                                      1915—2010
         程廷华 ──→ 郭古民
         1848—1900   1887—1968
                                    → 蒋勋培、 张法孟、何学诗等
                                      1904—1991 1914—1993 1909—2007
         
                     李元智 ──→ 赵福林 ──→ 景国华、许峻玮等
                     1903—1972   1927—
                              ↘ 朱训君
```

笔者以为，八卦太极拳主要是太极拳与八卦掌的融合，也包含形意拳的某些技法，但形意拳传人郭云深、李存义，都不是主要创编或传授者，故而将郭云深、李存义在表中略去。其中第五、六代传人没有全部列出。

需要说明的是，在各门派的传说中，有些说法值得商榷。如有人说董海川与杨禄禅没有见过面，这是不符合事实的。董、杨友谊比武切磋，互相钦佩，在武林中广为流传。广泛的传说就是重要的史料。如果一定要文字依据，否认多渠道的传说，恐怕民国以前的太极拳史都要被否定了。

另外，在传承关系上，郭铸山一支有些人有一个说法：郭铸山是程廷华的弟子，吴峻山是郭铸山的晚辈云云。理由是郭铸山是李存义的义子，程海亭之父程廷华与李存义是盟兄弟，李存义带郭铸山至程廷华墓前拜师，由程海亭代父授艺，故而郭铸山与程海亭是师兄弟。我们认为，结义拜把，是个人关系，与拳艺的传承关系不同。程廷华 1900 年去世，郭铸山 1901 年生，他比程海亭还小 29 岁，拳艺也是程海亭所传，因而程海亭与郭铸山是亦师亦兄的关系，所以我们把郭铸山作为程海亭的传人，排在八卦太极拳的第四代。比如，杨式太极拳的传人牛连元，与杨家第二代传人杨班侯是把兄弟，独得班侯所传"太极拳九诀"。然其后人仍把牛连元作为杨班侯的弟子，称第三代。

至于吴峻山，比程海亭大两岁，比郭铸山大 31 岁，他曾得刘德宽亲传，何福生先生又明确记载八卦太极拳是程廷华传给吴峻山。刘德宽与程廷华是把兄弟和师兄弟，吴峻山和程海亭显然是师兄弟关系，是八卦太极拳的第三代传人，更不能说是郭铸山的晚辈。当然，在自己门内怎么说，别人无权干涉。但是，不合事实的说法，恐怕不可能得到社会的认可。

中央国术馆组织系统

中央国术馆建馆初期人事情况：

理　事　长：	冯玉祥	
馆　　　长：	张之江	
副　馆　长：	李景林　钮永建　张树声　王子平　<u>张骧伍</u>	
先后担任教务处长：	马　良　刘崇清　朱国福　<u>吴峻山</u>　吴翼翬	
先后担任副处长：	郭锡山　杨松山	
先后担任编审处长：	唐　豪　姜容樵	
副处长：	黄柏年	
编审员：	金一明	
总务处长：	李滋茂　竺永华　陈家珍　庞玉森	
训育主任：	张瑞堂	
学生队长：	朱国禄　孙玉铭　康绍远　李锡恩	
副队长：	朱国祯　张英振　杨法武　刘鸿庆	
幼年班班长：	马振武　<u>何福生</u>	
少林门长：	王子平	
科长：	马英图　马裕甫	
武　当　门　长：	高振东	
科长：	柳印虎	
专　家　教　授：	朱国福　孙禄堂　杨澄浦　王子平　龚润田	
	阎乃康　陈子荣　吴图南　<u>吴峻山</u>　孙玉昆	
	马英图　王子章　郭锡三　吴翼翬　马裕甫	
	毕凤亭　郭长生　马庆云　李雨山　孙玉铭	
	杨法武　张本源　<u>李元智</u>　徐宝林	
顾问：	张洪之　齐友良	
参　事　会　参　事：	李宗黄　陈泮岭　佟忠义　翁国勋　庞玉森	
	李丽久　郝　铭	

【据《中央国术馆史》（黄山书社，1996 年 6 月）第 26 页影印】

上图是根据《中央国术馆史》一书影印的中央国术馆组织系统表。其中记载了八卦太极拳传人张骧伍、吴峻山、何福生、李元智等人（下画线者）在中央国术馆的职务。

第一章　杨式八卦太极拳综述 | 11

第二节　张骧伍先生传略

八卦太极拳的主要传人，在上节已经做了概述。本节仅对杨式八卦太极拳一代宗师张骧伍先生作一介绍。

张骧伍（1887—1959年），河北冀县人。名宪，字骧伍，道号归初。幼读私塾，十九岁从军，曾任李景林部下少将旅长。自幼好武，先后从宋唯一学武当剑、八卦掌，从神枪李书文学八极拳。1926年退出军界，其后随张之江、李景林创办南京中央国术馆，任副馆长。1932年，应韩复榘之邀，曾任胶东剿匪司令及山东民团五路军总指挥、山东省第七区行政督察专员等职。1937年到西安，改名襄五，做服装布匹等生意，兼授武术。

1959年，张骧伍回山东取他的武术器械时，被当地公安机关发现，并尾随至西安，不久被逮捕，遣送山东，以反革命罪，迅即处决。在互联网的"360百科"中，记载张骧伍"驻鲁期间，杀人甚多，人称张阎王、张剥皮"。"新中国成立后移居西安，实为逃遁，隐匿历史，改名'襄五'。1959年被捕，遣送山东，被当地处决"。

对张骧伍先生的处决，疑团甚多。其案件的具体情节，今已无法核实。但我们通过一些事实和传闻，认为网上的记载有失客观。有些情况与事实严重不符。作为张骧伍先生的太极拳传人，有责任将先生的生平作以客观介绍。兹就以下几点加以辨析。

第一，关于张骧伍先生的历史，他自己有明确交代。1951年6月，张骧伍写给政府的自传，现仍保存（见本节附件）。他对驻鲁期间的主要任职都有交代。说他"隐匿历史"，不合事实。

第二，张骧伍1937年就到陕西定居。自己交代如此，有一个明显事实：张骧伍一个儿子张中元1938年生在西安，与李随印的哥哥李润印同龄，大家都清楚。所以说张骧伍"新中国成立后移居西安，实为逃遁"，不合事实。

第三，张骧伍有一个武术弟子田镇峰，中共地下党员，是张骧伍介绍他到长安县的黄埔第七分校担任武术教官，后来被国民党逮捕，关押在黄龙山监狱。张骧伍想方设法托人营救，并护送其前往陕北。此事众人皆知，也有当事人证明。因其营救有功，他还被聘为西安市第一届政协委员，证件尚在。张骧伍的政治态度，由此可见一斑。

第四，就是张骧伍"驻鲁期间，杀人甚多"的问题。这个问题比较复杂。他在山东所为，又与当时的山东省主席韩复榘有密切关系。据有关资料，韩复榘主政山东期间，大刀阔斧反贪，贪污500元以上就枪毙，使得山东成为当时吏治较为清廉的省份。他还雷厉风行地禁烟禁毒，贩卖毒品者无论多少一律枪毙。民国时期，山东土匪闻名全国。韩复榘几年时间就将山东的土匪基本肃清。由此，人们也说韩复榘在山东"杀人甚多"，但他杀的大多都是土匪、烟贩、贪污犯（参见《文史天地》总第211期《韩复榘山东反腐记》，《看历史》2011年10月《告诉你一个真实的韩复榘》及中华书局出版的韩子华著《我的父亲韩复榘》等文）。张骧伍是韩复榘的"剿匪司令"，自然与土匪烟贩积怨甚多。

第五，据传，在张骧伍被捕押解山东后，其家人通过张骧伍营救过的共产党员田镇峰及冯玉祥夫人李德全等，向中央反映了情况。周恩来总理已经批准赦免。但是没有来得及，山东方面已经仓促处决。

由此可见，张骧伍的功过是非，不能简单以"杀人甚多"而论。据说，对张骧伍的处决，根本没有开庭审判，直接牵扯到一些个人恩怨。至于具体的情节，就没有必要也无法追究了。

附：张骧伍自传影印件（印刷体见后）

张襄五自传一九五一年六月

余原名宪，字襄五，年六十五岁。河北省冀县王海庄人。幼年家贫，八岁入私塾读书，十六岁随本族叔父张满仓学铁匠半年余，因时常痛打，即改赴天津学布庄洋货生意（天津东马路福庆隆洋货布庄）。十九岁即入陆军第六镇当兵，后来调至安徽模范营当兵，并当正目、副目、司务长、排长。后至黑龙江陆军第一师第二旅二团当连长、营长、团长。后随李景林至河北省充第三混成旅旅长，兼大名镇守使，后又改充第一师师长。镇守使、师长二职仅三个月即解职。此一九二六年事。

二七、二八两年在天津闲住。一九二九年至冯玉祥部充参议。一九三〇年在南京国术馆（任）副馆长。三二年经冯介绍至山东充参议，后改充民团第五路指挥。三六年改充第七区行政督专员，三七年又改充山东陆军第一补充旅旅长，并调往河南归德、西华等县训练新兵。由调充补充旅长以及解职仅三个月。

三七年冬即来西安，三八年即在西安钟楼东路北开设胜利军衣庄。三九年生意倒闭，即在现住之双仁府六巷十号闲住，有时作行商布匹等生意，十余年未离西安。

一九四九年，胡匪宗南声传以二十个装备军□□西安，一般军民鉴于廿年前刘镇华围城之惨，纷纷出避。余居住西南城角，距城很近，以胡匪军队平素极无纪律，守城必能为所欲为，所以携带布匹及妻子西去天水。以避胡匪军之奸淫掳掠。至天水后，布匹行市不好，即去岷县，并在该县收购当归。五月至岷，未及一月，即闻西安解放。由陕西去之匪军集中岷县，周祥初至，欲起义，王治岐带队，走武都，至九月，经周祥初带军起义，和平解放。是时因天水岷县路上散兵游勇很多，屡次劫路，以致行人绝迹。后经解放军二个月之清剿，始告无事。十一月初即携家东来。原意直返长安，至天水后，始知火车不通，改乘汽车，而汽车在华家岭屡出危险，不得已，只有暂住天水候车。在候车时间即与三个友人共开一木厂，字号全生。在天水东南之甘泉寺，今仍未结束清楚。今年二月，女人即患重病卧床不起竟二月有余。今虽返来，行动仍很困难。

一九三七年余至西安，在街路遇田镇峰（地工人

第一章 杨式八卦太极拳综述 | 15

员），时常往来。在六七年前，他去胡匪七分校充武术教官，系余设法介绍去的。后来遇事即被押黄龙山狱中。由狱中给我来信，我即设法营救。最初恳托孙处长敬亭，孙又转托彭昭贤，彭云我可管，未便直接去问。我给你特介绍黄龙山警备司令王某可也。后接王某复彭的信云，"请转告张先生，田某之事我敢保性命决无危险，而释放日期不能如张先生之要求即日开释。但必设法早放"等语。余营救掩护接济多年来未稍懈。现田镇峰在北京东长安街十六号体育总会筹委会工作，给他去信已数日，俟其来信再行送来。余于一九二六年曾在济南参加世界红十字会，道号归初。我的房子权状有三处用张归初。特此声明。

      张〇〇　一九五一、六、
 以上各节有旧属马振武可作证询。现该人住西安十一区界北关吊桥街廿二号。

第二章　杨式八卦太极拳动作详解

第一节　八卦太极拳动作名称

第 一 式　揽雀尾
第 二 式　十字双鞭
第 三 式　提手上势
第 四 式　左右凤凰展翅
第 五 式　白鹤亮翅
第 六 式　搂膝拗步
第 七 式　手挥琵琶
第 八 式　进步搬拦捶
第 九 式　如封似闭
第 十 式　左右凤凰展翅
第十一式　白鹤亮翅
第十二式　回身左右搂膝拗步
第十三式　抱琵琶
第十四式　揽雀尾
第十五式　十字双鞭
第十六式　抱虎归山
第十七式　肘底看捶
第十八式　倒撵猴

第十九式　十字双鞭
第 二 十 式　提手上势
第二十一式　左右凤凰展翅
第二十二式　白鹤亮翅
第二十三式　搂膝指面
第二十四式　海底针
第二十五式　手挥琵琶
第二十六式　摺肘
第二十七式　扇通背
第二十八式　撇身捶
第二十九式　卸步搬拦捶
第 三 十 式　如封似闭
第三十一式　揽雀尾
第三十二式　十字双鞭
第三十三式　云开手
第三十四式　斜单鞭
第三十五式　右高探马
第三十六式　右分脚

第三十七式	左高探马	第六十三式	换步双撞掌
第三十八式	左分脚	第六十四式	揽雀尾
第三十九式	回身蹬脚	第六十五式	十字双鞭
第四十式	搂膝拗步	第六十六式	云劈手
第四十一式	栽捶	第六十七式	斜单鞭
第四十二式	翻身撇身捶	第六十八式	抽身下势
第四十三式	推碾二起脚	第六十九式	金鸡独立
第四十四式	卸步捞月	第七十式	倒撵猴
第四十五式	左打虎势	第七十一式	十字双鞭
第四十六式	披身踢脚	第七十二式	提手上势
第四十七式	右打虎势	第七十三式	凤凰展翅
第四十八式	盖马捶	第七十四式	白鹤亮翅
第四十九式	拗步措捶	第七十五式	搂膝指底
第五十式	双拳贯耳	第七十六式	海底针
第五十一式	抱月分手	第七十七式	扇通背
第五十二式	左蹬脚	第七十八式	上步搬拦捶
第五十三式	转身蹬脚	第七十九式	穿梁挤肘
第五十四式	进步搬拦捶	第八十式	揽雀尾
第五十五式	如封似闭	第八十一式	十字双鞭
第五十六式	抱虎推山	第八十二式	云叠手
第五十七式	回身搂膝拗步	第八十三式	斜单鞭
第五十八式	抱琵琶	第八十四式	三掩肘
第五十九式	揽雀尾	第八十五式	十字摆莲
第六十式	斜飞势	第八十六式	弯弓射虎
第六十一式	野马分鬃	第八十七式	进步指裆捶
第六十二式	玉女穿梭	第八十八式	揽雀尾

第八十九式	十字双鞭	第九十七式	回身左右搂膝
第九十式	下势	第九十八式	抱琵琶
第九十一式	上步七星	第九十九式	进步按
第九十二式	退步跨虎	第一〇〇式	上步掤挤
第九十三式	转角摆莲	第一〇一式	闪步搬拦捶
第九十四式	弯弓射雁	第一〇二式	如封似闭
第九十五式	揽雀尾	第一〇三式	合太极
第九十六式	十字双鞭		

第二节 动作图解的说明

1. 本套路是以杨式太极拳为主，综合太极拳、八卦掌、形意拳优点的上乘内家武术。动作说明中，凡有八卦掌和形意拳的内容，特别予以说明，其他均属太极拳的动作。太极拳动作也和杨澄甫先师所传略有差异，可作为杨式太极拳动作演变过程的研究资料。

2. 该套路共分为 103 式，按照张骧伍先师所传，保持原貌，不再更改。其中如"预备势"、"起势"，没有单列。还有些动作，在一式名称下实际包含好几势，在各式动作分解中均加以说明。

3. 套路中的每一"式"，再分解为几个"动作"，按 1、2、3……为序。动作重复者，写成"同第×式动作×"，如"同第三式动作 2"。但尽量将主要动作照片连续列出，以便直观动作过程。

4. 每个"动作"的说明，一般先讲步法，再讲身法手法眼法，但在演练中都要同时进行，要注意手眼身法步的协调一致。

5. 按照师传，八卦太极拳以面向东起势为佳，故而动作说明以面向东起势叙述。照片中面向前为东，面向后为西。面向读者左边为南，面向读者右边为北。演练时可根据环境灵活掌握。

6. 文字叙述中，凡写动作的上下左右，手臂的"顺时针"和"逆时针"旋转、环绕，都是从演练者本人的观察角度而言，不是读者的观察角度。

7. 手臂运行方向，一般直接写左手或右手向内外上下顺时针或逆时针旋转。此外还有手臂的"自旋"："臂内旋"是大拇指向手心一侧旋转，"臂外旋"是大拇指向手背一侧旋转，并不是向"身内"或"身外"旋转。

第三节　八卦太极拳动作图解

第一式　揽雀尾

1. 面东站立，双脚与肩同宽，双臂自然下垂，手心向内，中指对裤外中缝处。虚灵顶劲，呼吸自然，沉肩坠肘，含胸拔背，松腰敛臀，气沉丹田。收视返听，排除杂念，心神与天地合一，进入无我状态。此为"预备势"。（图1）

图1

2. 两臂同时徐徐向两侧平伸，两臂外旋，掌心向前。接着双手向上举到头顶两侧，掌心相对；同时，两足跟渐渐抬起，以足尖支撑全身。然后，双手向内从胸前渐渐下落至两胯前，脚跟同时渐渐落地；目平视。（图2~图4）

图2

图3

图4

第二章 杨式八卦太极拳动作详解 | 21

两臂上举时，缓缓吸一口气，同时将意念从脚心涌泉穴沿身后向上经脊椎引领至头顶百会穴。两臂下落时，缓缓呼气，同时意想吞天之气于己身，将意念从百会经胸前向下引领至涌泉穴，入地三尺。使内气运行一个大周天。

3. 双手以中指引领，缓缓向前平举至与肩同高，手心向前下；同时，上体下沉，双腿渐渐弯曲，以大腿平行地面为度。（图5）

以上第2、3两动，此之为"起势"。

4. 左脚蹬地面，使重心右移；左臂外旋，左手向右下运行至右手前下方，两手心相对，成抱球状。然后提起左膝，小腿自然下垂；左手同时向前上方掤起。（图6、图7）

图5

图6

图7

5. 以腰为轴，身体左转90°向北，左脚跟落地，脚尖上翘。然后蹬右脚，重心前移成左弓步；同时，以腰力将双手向前掤出，左手高与鼻齐，右手高与胸齐。（图8、图9）

以上第4、5动，为揽雀尾之"左掤"。

6. 重心不变，左脚尖内扣，腰右转90°向东；双臂随身运行。同时，右手外旋向下，与左手手心相对，成抱球状；右脚同时提起内收。接着右手向上至胸前，手心向内，左手下按至腰胯旁；右腿屈膝提起。（图10、图11）

图 8　　　　　　　图 9

图 10　　　　　　　图 11

7. 以腰为轴，身体右转 90°向南，右脚跟落地，脚尖上翘。然后蹬左脚，重心前移成右弓步；同时以腰力将双手向前掤出，右手高与鼻齐，左手高与胸齐。（图 12、图 13）

以上第 6、7 动，为揽雀尾之"右掤"。

8. 左臂外旋，手心向内上，右臂内旋，手心向前下，双手成捋势。然后腰左转 180°向北，右脚尖内扣，左脚尖外撇，重心渐渐左移；双手随转腰左捋。捋至正北时，左臂内旋，右臂外旋，成右捋姿势。（图 14~图 16）

图 12　　　　　　　　图 13

图 14　　　　　图 15　　　　　图 16

9. 腰右转向东，左脚尖内扣，重心稍右移成马步；双手随转身向右捋。由第 8 动至此，为揽雀尾之"捋势"。捋至胸前时，左手掌移至右前臂的中心，成挤势。然后右脚尖外撇，左脚尖内扣，重心右移，腰右转向南；双手随身右挤。此为揽雀尾之"挤势"。（图 17、图 18）

10. 左手向左上，右手向右下运转，然后双手收至胸前，掌心向前；同时，重心稍后移，右脚尖抬起；目前视。（图 19、图 20）

图 17

图 18

图 19

图 20

11. 蹬左腿，右脚尖落地，重心前移；以腰力将双手向前推按。由第 10 动至此，为揽雀尾之"按势"。（图 21）

图 21

12. 双手手心向前，在水平方向上顺时针划一平圆，收至胸前时，右手稍向下，手心向左。身体重心随双手先向前再向后，重心后移时右脚尖抬起。此动为八卦掌之"外迁"。（图 22、图 23）

图 22 　　　　　　图 23

13. 右手心翻朝左上，左手心向右下，重心前移，双手随之前托，右手在左手前，高与肩齐。此动为八卦掌之"捧"。（图24）

14. 重心稍向前移，左脚稍向前移落步，然后重心后移；同时，双手手心向内，随身后移。此为八卦掌之"挂"。（图25）

15. 双臂沉肘，双手手心翻朝前，收至胸前；同时，右脚向前，脚跟落地。然后蹬左腿，重心前移，左脚向前与右脚并步；同时，双手前推，右手在前，左手在右肘内侧。此为八卦掌之"定"。（图26、图27）

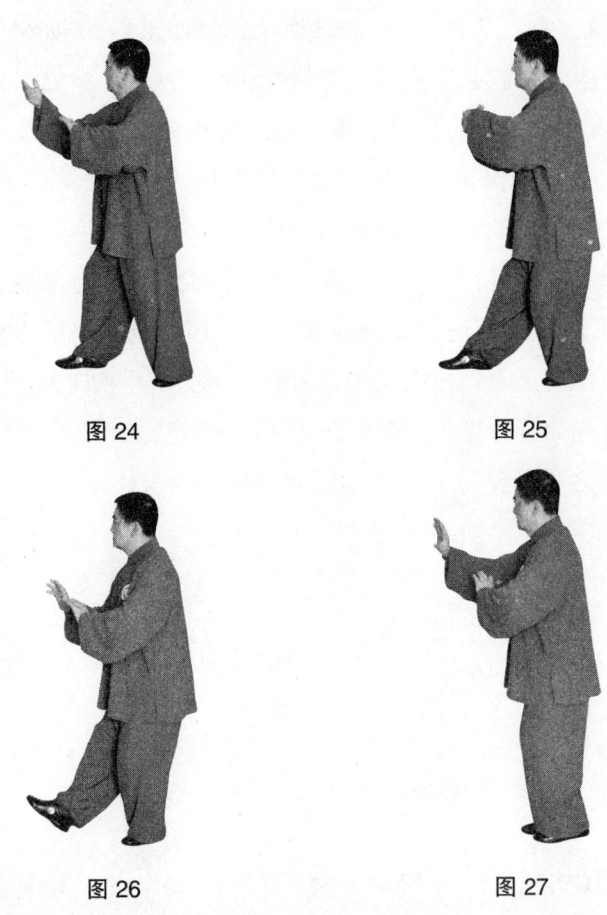

图24

图25

图26

图27

第二章 杨式八卦太极拳动作详解

【要领】

1. 第一式是该套路的出门架子，也是核心动作。除了"预备势""起势"外，太极拳的动作有掤、捋、挤、按；八卦掌的动作有迁、捧、挂、定。后面也有多个重复动作，必须反复练习，准确掌握。

2. 起势的起落动作，可有意做一个呼吸，并用意念导引做一个大周天。此后的动作，意念都在动作本身，呼吸自然。久之则呼吸深长，且能形成起吸落呼、合吸开呼的习惯。拳论云："意不在气，在气则滞。""意之所至，气即至焉。"如果勉强动作配合呼吸，可能会造成憋气或喘气现象，这是练拳之大忌。

3. 掤、捋、按的动作，是在自己外围的第一道防线，但伸臂不能太直，仍保持灵活伸缩的余地。挤的动作是第二道防线，以腰带动前臂转动，可发滚动力。所有动作都要存其用意而不要做到极限，应用时，或发劲，或变劲，要按对方劲力灵活掌握。

4. 第3动的下蹲，要全身放松，只用大腿肌肉的力量保持稳定。上体要正直，尾闾正中，百会、会阴、涌泉穴上下三点一线。全身犹如正身稳坐，臀部既不要前伸（为之"跪"），也不要后翘（为之"撅臀"）。下蹲程度要根据个人身体素质灵活掌握，不必勉强。

5. 所有动作，都要做到轻灵沉稳，不僵硬，不浮飘。"其根在脚，发于腿，主宰于腰，形于手指"。这是整个套路的要领，不再重复。

第二式 十字双鞭

1. 左脚尖内扣，右脚尖外撇，腰右转90°向西；随转腰，右

手向下向右撩掌，左手置于腹前。此动为八卦掌之"撩阴掌"。（图 28）

2. 右脚尖内扣，腰左转 180°向东，随转身，左脚向左移一步；双手随之转向身右。（图 29）

图 28

图 29

3. 腰左转，重心移至左腿；右脚提起伸向左腿左侧；右手同时运向身左，与肩同高，左手置于右腋下。（图 30）

图 30

4. 右脚向右移一大步落地，身体下沉，成马步；同时，双手在胸前交叉，手心向前，左手在右手外，然后双手向上再向两侧伸出，成双鞭势。（图31、图32）

图31　　　　　　　　图32

【要领】

"撩阴掌"，劲点在右手外侧。"双鞭"的两臂内含"劈劲"。马步下蹲，要按个人身体素质灵活掌握，以大腿平行于地面为度。但上体必须保持正直状态，不可前俯或撅臀。

第三式　提手上势

1. 双手同时向下落至胯旁。然后重心右移，腰右转；双手随身向右；然后腰左转，重心左移成马步，双手向右前再向左上方划弧；右手高左手低，两手相当一个前臂的距离。此动称为"高捧手"，意为向上向左托拊对方手臂。（图33~图35）

图 33

图 34　　　　　　　图 35

2. 重心左移，左脚尖外撇，左腿屈膝下蹲，成右仆步；双手收于腹前，左手在右手内侧成挤手；目视右前。此动为"下势"。（图 36）

图 36

3. 重心右移，身稍起，左脚稍向前跟步落地；双手随身向右挤出，右手在前，掌心向上，左手在后，掌心向下。然后腰微左转，重心稍左移；右手掌心向下，向内向下收至右脚内侧，左手收至右肩前，掌心向右下。（图37、图38）

图37 　　　　　　　　　图38

4. 以腰肌带动，右手顺时针不断平圆划圈；身体同时渐渐站起。然后将右手变钩手，提至胸前，与肩同高，左手掌心向下，置丹田前；左脚同时轻抬于右腿前。第3、4动为"提手"。（图39、图40）

图39 　　　　　　　　　图40

【要领】

1."高捧手"与"下势""提手",要自然衔接,圆活连贯,勿使有凸凹处,身形与手臂也要协调配合。

2.提手的动作,右掌心向下缓缓向上旋转,意想将地气吸于自身,是本套路的重要特点之一。提中有沉,不可轻浮失根。定势要顶头悬,头入云,足入地,有上下拉长身躯之感。

第四式　左右凤凰展翅

1.左脚向左横跨一步落地,左脚尖外撇,右脚尖内扣,腰左转,双手随身左移至身左。然后腰右转,左脚跟外撇,右脚跟内扣;双手随身转向右。(图41、图42)

图41

图42

2. 右手变掌，手心向上，左手手心向下，双手成捋势。然后身稍沉，腰左转，左脚尖外撇，右脚尖内扣；双手随转身捋向身左。（图43、图44）

图43 　　　　　　　　　图44

3. 双手稍向左，左手心翻朝上，成右捋势。然后腰右转，左脚尖内扣，右脚尖外撇；双手捋向身右，再收向胸前，掌心向内。（图45~图47）

图45 　　　　　图46 　　　　　图47

【要领】

第1动是以右钩手向左右击打,此势也是形意拳中的"马形"。第2、3动的左右挒为凤凰展翅。腰身腿脚要和手臂的动作密切配合。

第五式　白鹤亮翅

1. 身体下沉;双手随身向下。然后双手手心向前,身渐起,双手缓缓向左上运转。(图48、图49)

图48

图49

2. 腰右转向正东，双手移至胸前。然后身体下沉，双手以腰力带动在胸前一边向下一边顺时针不断平圆划圈，直至双手接近地面，手心向下。接着身渐起，双手继续划圆，移至腹前。（图50~图52）

图50

图51

图52

3. 重心右移，腰左转向北，右脚尖内扣，左脚尖外撇抬起；双手随身移动。然后重心前移，上体向前，左脚尖落地，右腿抬起后伸；双手向前，成俯身独立平衡姿势；目视前下。（图53、图54）

图 53　　　　　图 54

【要领】

本式动作包含两下两上，一个独立平衡，有吞天之气、接地之力的效用。独立平衡，要足趾抓地，丹田对涌泉，前后协调，松中求稳。

第六式　搂膝拗步

1. 上体渐起，右脚向后落地，重心后移，左脚尖抬起；右手收至右耳前，手心向左，左手伸向前。（图55）

图 55

2. 左手收至右肩前，手心向右，重心继续后移至右腿，左腿屈膝提起；然后左手向下落至右腹前，再向左膝前弧形搂出。（图56~图58）

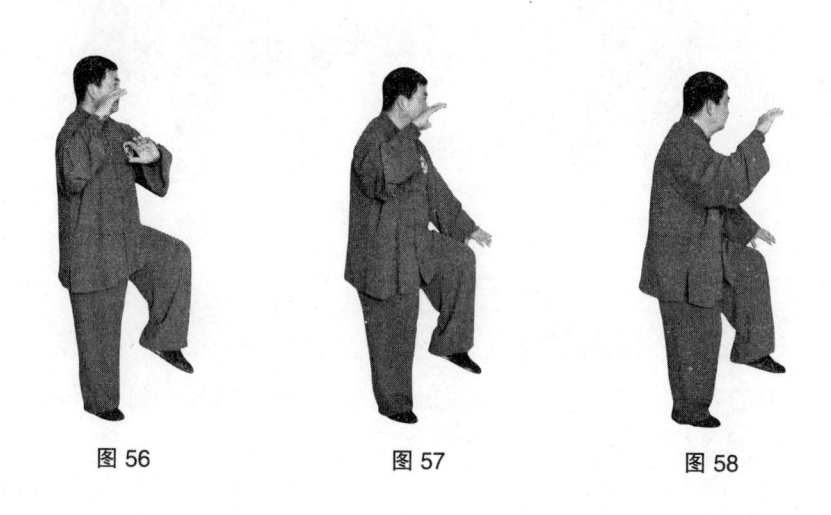

图 56　　　　　图 57　　　　　图 58

3. 左脚向左前方落步，重心前移成左弓步；同时，右手向左前推出，置于胸前正前方，掌心向前，左手收至左胯前，掌心向下；目前视。由动作2至此为一个"左搂膝拗步"。（图59）

图 59

4. 双手掌心前后相对，有一个合劲，接着重心前移至左腿，右腿屈膝提起；左手弧形向上运至左耳前，掌心向右，同时，右手收至左肩前，掌心向左。然后右手向下落至左腹前，再向右膝前弧形搂出。（图60~图62）

图60　　　　图61　　　　图62

5. 右脚向右前方落步，重心前移成右弓步；同时，左手向右前推出，置于胸前正前方，掌心向前，右手收至右胯前，掌心向下；目前视。由动作4至此为一个"右搂膝拗步"。（图63）

图63

6. 与动作 4、5 基本相同，左右相反，做一个"左搂膝拗步"。但右手推出方向为正北方，故而此动亦称"正搂膝拗步"。（图 64）

图 64

【要领】

武术动作，左手左足（或右手右足）在前为"顺步"，左手右足（或右手左足）在前为"拗步"，故而此式称为"搂膝拗步"。搂膝动作是将对方打来之手足引向侧面。弓步与打掌动作要协调同步。

第七式　手挥琵琶

重心前移至左腿；左手向前上伸出，右手收至左肘内侧，双手成前后合抱势；同时，右脚提起向前伸出。（图 65）

【要领】

双手前后合抱，形如抱琵琶，有反关节制人手和肘的作用。运用时根据对方劲力可随时变化。

图 65

第八式　进步搬拦捶

1. 右脚落地，重心前移，左脚跟抬起；右手变拳，拳心向下，由上向下划弧，使拳心朝上。此为"搬"。（图66）

2. 左脚上前一步，脚跟落地；左手收至胸前，掌心向右。此为"拦"。（图67）

图 66 　　　　　图 67

3. 蹬右腿，重心前移成左弓步；右拳随身以腰力带动向前直击；同时将右脚提起收至左脚内侧，但不落地。此为"捶"。（图 68、图 69）

图 68　　　　　　　图 69

【要领】

搬拦捶的动作，有拧、挡、搂、打的丰富内涵，外形在手，更要注意以腰为主宰。最后上右脚，是发劲的过渡状态。

此式类似八卦掌之"闭门推月"，形意拳之"虎扑"。

第九式　如封似闭

1. 右脚向后退一步落地，重心后移，左脚尖翘起；同时，左手收至右肘下，掌心向下。（图 70）

2. 右拳变掌，左手背贴右前臂下前伸，然后双手左右分开，同时收向胸前，掌心向前；同时，将左脚提起回收，再向前落步，脚尖翘起。（图 71、图 72）

3. 蹬右脚，以腰力将双手向前推按，左手在前，高与肩齐，右手稍靠后靠下。接着将右脚收至左脚内侧，但不落地。（图73）

图70

图71

图72

图73

【要领】

如封似闭，攻防兼顾。双手分开收回，是分开对方双臂以卸其劲，待其落空之时，我再趁势发力。动作一定要上下相随，内外相合。

第十式　左右凤凰展翅

1. 右脚后退一步，腰右转向东，左脚尖内扣；左手掌心向上，右手收至左胸前，双手成捋势。然后腰右转向南，右脚尖外撇，左脚尖内扣；双手随身右捋。（图74、图75）

2. 左手收至胸前，右手掌心翻朝上。然后腰左转向东，双脚尖移向前，右手向回捋，置于左手下边。（图76、图77）

图74

图75

图76

图77

【要领】

左右凤凰展翅，实际是以腰为轴，左右转身，右捋左捋。腰身与手臂要配合协调。

第十一式　白鹤亮翅

1. 身体略沉；双手掌心向内，手指向下，随身下插。然后身体渐起；双手掌心翻朝前，手指向上缓缓举起，高与肩齐。（图78、图79）

图78

图79

2. 以腰胯左右反复转动带动双手掌在身前顺时针平圆划圈；一边划圈，一边身体下沉，直至双手接近地面，掌心向下。然后再一边划圈，一边身体站起，直至双臂举到最高，掌心向前；同时将两足跟抬起，以脚尖支撑全身。（图80、图81）

图 80　　　　　　　图 81

【要领】

此式双手的平圆划圈，先下后上，整体轨迹成螺旋形。要求均匀缓慢，以腰为轴，上体不能俯仰，使内气随身潜转运行。定势的动作，犹如仙鹤直飞晴空，全身有顶天立地、对拉拔长之感。肚脐以下向下伸，肚脐以上向上伸，以达"全身透空，西山悬磬"之效。

第十、十一式"左右凤凰展翅"和"白鹤亮翅"与第四、五式"左右凤凰展翅"和"白鹤亮翅"类似，但也有所差别。

第十二式　回身左右搂膝拗步

1. 腰微右转，重心左移成右虚步；同时，右手下落至右腹前，掌心朝左上。然后将重心全部移至左腿，右腿提起，右脚向内收至左膝前；左手同时向下落至右脚内侧。(图82、图83)

2. 右脚向右横跨一步落地；左手收至右胸前，两臂十字交叉，左手在上，掌心向下，右手在下，掌心向上。然后将重心移至右腿，先将右手伸向右侧，接着左腿屈膝提起，左脚向内收至右膝前；右手同时向下落至左脚内侧，左手收至左腹前。(图84~图86)

图82　　图83

图84 　　图85 　　图86

第二章　杨式八卦太极拳动作详解 | 47

以上两动，为"落地高探马"。

3. 左脚下垂不落地；右手收至右耳前，左手收至右肩前。然后向东北方向做一个左搂膝拗步，动作同第六式动作2、3，唯方向不同。（图87、图88）

图87　　　　　图88

4. 左脚尖内扣，蹬右腿，将重心全部移至左腿，左手向左伸出。然后以腰力右转身180°向西南，再做一个右搂膝拗步，动作同第六式动作5，唯方向不同。（图89~图91）

图89　　　　　图90　　　　　图91

【要领】

此式前面有两个"落地高探马",是该套路的特点之一。这是手脚并用的技击招法,要求下盘稳健,上下相随,上体不可前倾。搂膝拗步的动作,转身时要先将重心稳定在左腿,以腰力带动右脚外摆。

第十三式 抱琵琶

右手向前上伸出,高与肩齐;然后左脚尖外撇,腰左转向南,做抱琵琶。动作同第七式,唯左右相反。(图92)

图92

第十四式 揽雀尾

腰微右转,右脚右移落步,面向西南,从右掤开始做揽雀尾。动作同第一式之动作7~15,唯方向不同。(图93、图94)

图93

图94

第十五式　十字双鞭

1. 腰微左转，向南做十字双鞭，动作同第二式。（图95、图96）

2. 左脚尖外撇，腰左转；左手伸向左上方，掌心向上，右手稍沉，臂内旋，掌心向下。然后左脚尖内扣，腰右转向西，右脚稍向右移落步；接着将上体向后仰起，左手尽量向后向上伸出，右手置于右胯旁。（图97、图98）

图95　　　　　　　　图96

图97　　　　　　　　图98

3. 重心前移，左手从上往前击打，此为"前盖掌"。然后右手向前穿掌，右脚尖内扣，腰左转向南；右臂向右斜前方伸出。接着腰左转向东，左脚稍向左移落步；再将上体向后仰起，右手尽量向后向上伸出，左手随身运至右胯旁。由第2动至此，为之"脑后摘盔"。（图99~图101）

图 99

图 100

图 101

【要领】

此式在十字双鞭之后，增加两个"脑后摘盔"，是在对方大力来攻时，我大退以卸去对方劲力之法。身后形成一个大弓形，要求有高度的自身平衡能力，对于锻炼腰肌也有良好作用。

第十六式　抱虎归山

1. 上体站正，腰右转向南；左脚尖内扣，右脚尖外撇，右手稍落，双手掌心向前。然后腰微左转，两脚尖左移；左手弧形向上置于左额前，右手向下再由腹前推出，掌心向外。同时将左腿提起，以左脚内侧向前踩击。（图102~图104）

图 102

图 103

图 104

2. 左脚在原位内扣落地，腰微右转；右手向上置于左额前，左手向下再由腹前推出，掌心向外。同时将右腿提起，以右脚内侧向前踩击。（图 105、图 106）

3. 右脚在原位脚尖外撇落地；左手上，右手下，双手成右捋姿势。然后右脚尖外撇，腰右转 90°向西；双手右捋；左脚同时提起摆向右脚前方。（图 107、图 108）

图 105　　　　　　　　图 106

图 107　　　　　　　　图 108

4. 腰左转向南，左脚随身向左以脚跟落地；左手向上，掌心向右，右手向下置腹前，掌心向下。然后腰继续左转向东，左脚脚尖向东落步；双手随身转动。（图109、图110）

5.右脚提起，腰左转向北，右脚在左脚前内扣落地；双手随身转动。然后腰继续左转向西；左手随身向左后击掌；目视左手。（图111、图112）

图 109 　　　　　　　　图 110

图 111 　　　　　　　　图 112

6. 腰右转向北；左手收至胸前，双手交叉，左手在上。然后腰继续右转；右手随身向右后击掌。（图113、图114）

图113  图114

【要领】

1. 此式动作1、2为八卦掌的动作"顺风领衣"。每动的定势，由上路掌、中路掌、下路脚，形成一个纵向的攻防态势，可随机应变。要求上体要正，上下相随，跟稳气沉。

2. 动作3~6属于"抱虎归山"，含有八卦掌的摆步、九宫步、鸿雁出群、叶底藏花等。要求以腰为轴，重心稳定，轻灵沉着，自然和谐。

第十七式　肘底看捶

右手收至胸前，与左臂交叉成十字手，右臂在上。然后腰左转向北，左脚向前上一步，脚尖翘起成左虚步，脚跟不着地；同时，左手前伸，右手变拳，置于左肘下，拳心向左。（图115~图117）

图115

图116

图117

第十八式　倒撵猴

1. 左腿提起；右拳变掌，向右向上弧形运至右额前，掌心向前下，左手掌心向上。然后左脚后退一步，重心后移；同时，将左手回收，右手从左手上部前推。接着腰左转向西；左手抽向身左，两掌心向上，同时向两侧稍向上伸出。此动为"左倒撵猴"。（图118~图120）

图 118

图 119

图 120

2. 腰右转向北，右腿提起；左手向上向前弧形运至左额前，掌心向前下，右手掌心向上。然后右脚后退一步，重心后移；同时，将右手回收，左手从右手上部前推。接着腰右转向东；右手抽向身右，两掌心向上，同时向两侧稍向上伸出。此动为"右倒撵猴"。（图121~图123）

图 121

图 122

图 123

3. 再做一个"左倒撵猴"，同动作2，唯左右相反。接着重复动作2，再做一个"右倒撵猴"。（图124、图125）

图 124 　　　　　　　图 125

【要领】

倒撵猴是攻防兼备的动作，退中有进，前推之手可解脱回收之手，又可反击敌身。前推之后再转身，转身过早，即失去技击意义。其定势是八卦掌的"双白蛇吐信"。

第十九式　十字双鞭

同第二式"十字双鞭"之动作3、4。不做第二式前面的转身动作。（图126、图127）

图 126 　　　　　　　图 127

第二章　杨式八卦太极拳动作详解 | 59

第二十式　提手上势

同第三式"提手上势"。（图128、图129）

图 128

图 129

第二十一式　左右凤凰展翅

同第四式"左右凤凰展翅"。（图130、图131）

图 130

图 131

第二十二式　白鹤亮翅

同第五式"白鹤亮翅"。（图132、图133）

图132

图133

第二十三式　搂膝指面

1. 上体渐起，右脚向后落地，重心后移，左脚尖翘起；右手收至右胸前，手心向左，左手伸向前。（图134）

图134

2. 右手向右向上弧形收至右耳前，掌心向左，左手收至右肩前，掌心向右；左腿屈膝提起。然后左手向下落至右腹前，左脚跟落地，左手向左膝前弧形搂出。（图135、图136）

图135　　　　　　　　　图136

3. 重心前移成左弓步，右脚再向前上一步，重心前移成右弓步；同时，右手五指并拢，随身向前穿出，掌心向左前，左手置右臂内侧。（图137~图139）

图137　　　　　图138　　　　　图139

【要领】

此式与第六式"搂膝拗步"基本相同,但是要上两步,第一步是拗步,第二步是顺步。右掌刺面、刺胸,可随机应变。

第二十四式 海底针

1. 左脚向前移至右脚内侧,再向后退一步,然后重心后移;双手同时收至胸前,掌心向前;右脚尖翘起。(图140)

2. 右脚后退一步,重心后移;双手先向上举,然后上体弯腰前俯,双手随身缓缓向下落至接近地面。(图141、图142)

图140

图141

图142

【要领】

双手下落时，右腿坐实，左腿伸直。腰胯下沉，不要撅臀。双手掌心从上到下的过程，由掌心向前、手指向上变为掌心向内、手指向下。

第二十五式　手挥琵琶

上身渐起，双手伸向两侧，掌心向前，同时将左脚提起。然后左脚跟落地；双手向前向内一合，右手前伸，高与肩齐，掌心向左，左手置于右肘内侧，掌心向右。（图143、图144）

图 143

图 144

【要领】

此式与第七式"手挥琵琶"不同，是左脚和右手在前。

第二十六式　揠肘

右脚向前跟半步落地，重心后移；左手从右手前面翻上来，掌心向右，右手落至左肘内侧。然后将左腿屈膝提起；同时，将右手向上置于右额前，掌心向前，左手稍向前推至胸前，掌心向右。（图145、图146）

图145

图146

【要领】

此式以双手在胸前划一个前后的立圆，含有反关节揠折对方手肘，再以右手上托对方手臂，左手前击之意。双手的运行要圆活协调。

第二十七式　扇通背

1. 左脚向前落步，然后右脚尖外撇，腰右转向东，身体下

蹲成马步；同时，将右手举至右额前，掌心向前，左手伸向左边，掌心向外。此动为"左扇通背"。（图147、图148）

图147 　　　　　　　　　　图148

2. 左脚尖内扣，腰微右转，面向东南，重心移至左腿；同时，将左手运至左额上方，掌心向外，右手落至胸前。然后右腿屈膝提起，右脚内勾，再将右脚向前上步，重心前移，上体下沉；右手随身向前推出。此动为"右扇通背"。（图149~图151）

图149 　　　　　图150 　　　　　图151

【要领】

扇通背，为一手格挡，一手进击之势。要求根基稳固，上通下沉，气势恢宏。亦有开放心胸、疏通经络之健身效果。

第二十八式　撇身捶

1. 左脚尖内扣，重心后移，再将右脚收回；双手向左。然后右脚上步，向东南方向作一个右搂膝拗步。（图152、图153）

2. 右脚尖内扣，腰左转向北，做一个左搂膝拗步。此动称"回身搂膝拗步"。（图154、图155）

图 152

图 153

图 154

图 155

3. 左脚尖内扣，腰右转向东，右腿提起，随转身向左后倒插步；右手变钩手收至胸前，左手伸向左边。然后腰右转向西南，左脚向后退一步，重心前移成右弓步；同时，左手向上再向前下按击，右手前伸。此动为之"转身左倒撵猴"。（图156、图157）

4. 右脚尖外撇，蹬左腿，重心移至右腿，腰右转135°向北；同时，左脚提起，随身向右摆至右脚内侧落步；左手随身前伸，掌心向下，右手随身收至右胯旁变拳。（图158、图159）

图156

图157

图158

图159

5. 右脚上前一步，左脚紧跟上至右脚内侧；同时，左手下按，右拳迅即向前上方冲击，拳心向内。由动作4至此，为之"撇身捶"。（图160）

【要领】

此式包含两个搂膝拗步，一个倒撵猴，一个撇身捶。前两者又有新的动作特点，要注意区别。撇身捶的动作，左脚摆步转身要轻灵沉着，上步冲拳要迅猛有力。

图 160

第二十九式　卸步搬拦捶

右脚尖内扣，腰左转向西；左手随转身伸向身左。接着腰继续左转向南，左脚上一步。然后重心前移，做搬拦捶。动作与第八式类似，唯方向和过渡动作不同。（图161~图164）

图 161

图 162

第二章　杨式八卦太极拳动作详解 | 69

图 163

图 164

第三十式 如封似闭

同第九式"如封似闭",唯方向不同。(图 165、图 166)

图 165

图 166

第三十一式　揽雀尾

同第一式"揽雀尾",但没有左掤之前的动作。(图167~图171)

图167

图168

图169

图170

图171

第三十二式　十字双鞭

同第二式"十字双鞭"。（图172）

第三十三式　云开手

1. 腰微左转，左脚尖外撇，重心左移；右手向下向左移至左膝前，掌心向下，左手下沉，掌心向下。接着右脚向左移动15~20厘米落步；右手向上"提"，再向上"掤"至左肩前。（图173~图175）

图 172

图 173

图 174

图 175

2. 腰微右转，重心渐渐右移；右臂内旋，掌心向前，随身向右移动至右肩外侧。右臂内旋右移为之"挂"；继续运向身右为之"扔"；左手随身右移，为之"推"。（图176、图177）

3. 左脚向左移动15~20厘米落步，然后右臂内旋，为之"滚"。右手再向下"按"至右膝旁，左手随身右移。（图178、图179）

图176

图177

图178

图179

4. 腰微左转，重心左移，右脚向左移动15~20厘米落步；左手随身同时作"提""掤""挂""扔""滚""按""推"动作。动作过程与动作1~3相同，唯左右相反。（图180、图181）

图 180

图 181

以上动作，右手向右为右云手，左手向左为左云手。左右合称为"一个云手"。

5. 重复动作1~4，视场地情况，共做3~5个云手。

【要领】

1. 云手是太极拳的核心动作之一，具有活动腰胯四肢的全身性健身作用，亦有多种技击功能。也可作为单练的健身功法，反复练习。

2. 云手的重心转移、双手的运行，均应以腰为轴，以腰带动全身。不可仅仅是手臂的运动，否则会显著影响锻炼效果。

3. 云手过程中，上体必须正直，不可前俯后仰。双目随手正视，不要向下看，但也不是看手，要向上手的方向看。

第三十四式　斜单鞭

1. 当最后一个云手的左手运至左肩外侧时（参见图181），左脚尖外撇，腰左转向北偏西，然后右脚上至左脚内侧落步；右手随身收至腹前，再贴近右耳旁向上高举，掌心向内；左腿蹬直，右脚随之收至左脚跟后，稍向上提起，脚跟抬起，用脚尖支撑；左手收至腹前，掌心向右。（图182、图183）

图 182

图 183

2. 右脚落地，腰微右转向北；上体稍沉，右手下落。然后再将左手贴近左耳旁向上高举，掌心向内；右腿蹬直，左脚随之收至右脚跟后，稍向上提起，脚跟抬起，用脚尖支撑。（图184、图185）

图 184

图 185

3. 左脚落地，身体稍沉，左手随身缓缓左右螺旋下沉，然后右脚向右后退一步；右掌变拳，以左掌置于右拳面。腰右转向东南，双脚尖内扣外撇，重心前移成右弓步；双手随身同时转动，右拳变掌前掤，掌心向内上，左手置右掌内，掌心向前下。（图186、图187）

图 186 　　　　　　　　　　图 187

4. 重心前移，左脚先跟半步落地，然后重心后移成右虚步；双手收至胸前，右手心翻朝前，左手心向内。接着重心前移成右弓步，双手随身前推。（图188、图189）

图 188 　　　　　　　　　　图 189

第二章　杨式八卦太极拳动作详解 | 77

5. 左脚提起，向左后稍退落步，腰左转180°向西北，重心前移成左弓步；同时，双手随身转动，右手变钩手，伸向右侧，左手向上向前弧形按出，掌心向右前。（图190、图191）

图 190　　　　　　　　　图 191

【要领】

1. 斜单鞭之前，有两次高举手，要有顶天立地的气势。

2. 斜单鞭的动作，是左捋和右采左击的综合之势，要连贯流畅，和谐自然。左手和左脚方向要一致，两臂夹角为90°，或稍大一点。

第三十五式　右高探马

1. 重心前移，右脚跟半步落地，右钩手变掌下沉；然后左腿站直，同时将右手向前上方穿出，打一个"扑面掌"，掌心向前，左手置右肘内侧。（图192）

图 192

2. 右脚收至左脚内侧落步，身体稍沉，然后将右脚向前上一步，重心前移；右手同时向左、向下、向右、向上弧形运至右胸前，双手掌心相对。（图193~图195）

图 193

图 194

图 195

3. 蹬左腿，重心前移，左脚提至右脚内侧，再向内收至右膝前；右手先向上再向下落至左脚内侧，左手收至左腹前。（图196、图197）

图 196 　　　　　　　图 197

【要领】

此式之"扑面掌"即为"右高探马"，要以后脚为根，发于腿，主宰于腰，力达手臂。动作3为"落地高探马"，右手的弧形运转，有双手接拿对方手肘缠绕化引之意。定势的左脚要尽量上抬回收，与下按的右手构成一个合劲。

第三十六式　右分脚

1. 左脚向左前方上步，重心前移；双手上举，掌心相对，右手高于左手。此动为"高捧手"。（图198）

2. 右腿屈膝提起；双手先下沉，再收至胸前，掌心向外。

然后左腿站直，右脚向东北方向蹬出；双手同时前推，高与肩齐。（图 199~图 201）

图 198

图 199

图 200

图 201

【要领】

1. 高捧手的姿势，两手相对托出，如向上托枪势，左手在额前，右手在头部右上方。

2. 双手由高捧手下沉，再上收、外推，有托起对方双臂再向外发放之意。分脚时，右手推按方向要与右脚方向一致。

第三十七式　左高探马

右脚向前落步，左手打扑面掌，其余与第三十五式"右高探马"相同，唯左右相反。（图202、图203）

图 202

图 203

第三十八式　左分脚

同第三十六式"右分脚"，唯左右相反。方向是西北。（图204、图205）

图 204　　　　　　　图 205

第三十九式　回身蹬脚

右脚跟抬起，以脚尖为轴，腰左转 180°向东南；双手和左腿随身转动，左脚同时蹬出。（图 206）

图 206

【要领】

此式要视个人身体素质灵活掌握。可直接转身，也可将左脚下垂后转身。老年体弱者，可先退左脚，然后转身蹬脚。

第四十式　搂膝拗步

同第六式，唯方向不同。先向东南方向做一个"左搂膝拗步"，再向西南做一个"右搂膝拗步"。（图207、图208）

图 207　　　　　　　　　图 208

第四十一式　栽捶

腰微左转，面向正南。"栽捶"的动作，前面与"左搂膝拗步"相同，只是在弓步时，要身体下沉，右腿屈膝为跪势，右手变拳，向前下方栽击，拳心向内。（图209、图210）

图 209 　　　　　　　　图 210

第四十二式　翻身撇身捶

身渐起，左脚尖内扣，右腿屈膝提起，腰右转 180°向北；同时，右拳随身向上向右翻转，拳心向上，左掌置于右前臂内侧；右脚落地，右拳随势向右前方砸击。（图 211~图 213）

图 211 　　　　　图 212 　　　　　图 213

第二章　杨式八卦太极拳动作详解 | 85

【要领】

右拳要以腰带动肩肘协调运动，随转身做一个弧形轮转，可增加拳面的击打力度。右脚转身落步也有一个踹劲，要与身手同步进行。

第四十三式　推碾二起脚

1. 重心前移，提起左腿；同时，双手收至胸前，右拳置左掌之上。然后左脚向前蹬出，同时双手向上前方推碾。（图214、图215）

图 214 　　　　　　　　图 215

2. 左脚向前上一步，脚尖尽量外撇落地，然后右腿屈膝，全身下沉；同时，将右拳变掌，向前向下随身下落至左脚前方，掌心向下，左掌收至左胯旁。此为形意拳的"龙行"。（图216）

图 216

3. 身体渐起，右脚收至左脚内侧；同时，双手收至腹前，掌心向上。然后双手同时向上向左右划弧，右脚前踢，右手同时以手背迎击右脚面，左手伸向身左。接着将右手向上托起。（图 217~图 219）

图 217　　图 218　　图 219

【要领】

动作 1 为第一次起脚，推碾与蹬脚要同时到位。龙行的动作全身下沉，不要撅臀。动作 3 为二起脚，要以脚踢手，以手迎击。

第二章　杨式八卦太极拳动作详解 | 87

第四十四式　卸步捞月

1. 右脚后退落步，左手向前伸出。然后重心后移，双手掌心向下，按至腹部前方。（图220、图221）

2. 左手向前上伸出，手心先向前，再臂外旋，将手心转向内；右臂屈肘插入左腋下，掌心向下。此动为八卦掌的"叶里藏花"，左手旋转向内称为"挂掌"或"砍掌"。（图222）

图220

图221

图222

3. 腰右转向东；同时，将右手从左臂外侧向上伸，左手从右肘内侧向下落，双掌心都向外。（图 223）

图 223

4. 右手向右下划弧，双手五指都朝右。左脚向左横迈一步落地，然后腰左转向西北，双手随身向左横撩。（图 224、图 225）

图 224　　　　　　　图 225

【要领】

动作1的退步，动作4的横迈步，都称"卸步"，均有以守为攻的含义。卸我的步，也卸掉对方的来劲，然后我就势发放。《道德经》有言："不敢为天下先。""后其身而身先，外其身而身存。""将欲取之，必固与之。"都是太极拳"舍己从人，后发先至"的原则。动作4的转身双手向左横撩，要轻灵匀稳，含有"捞月"形象。

第四十五式　左打虎势

1. 右脚稍向前移落步，重心后移；将左脚回收，脚尖点地；双手收至胸前，掌心向内。（图226）

图226

2. 腰微左转向西，左脚上前一步，重心前移成左弓步；同时，双手变拳，左拳向左向前上运至前额上方，拳心向外；右拳收至胸前，拳心向下，大拇指伸开朝向自身膻中穴。（图227）

图 227

【要领】

"打虎势"的动作,要与"卸步捞月"连续进行,以腰为轴,上下相随,弓步与挥拳要同时到位。

第四十六式　披身踢脚

1. 右脚跟内扣,腰右转向北;双手随身右移。然后右脚回收;同时,双手下落至腹前变掌,掌心向上。(图228、图229)

图 228 　　　　　图 229

2. 腰继续右转向东，双手向上再向两侧分开，右手向正东，左手向左后，掌心均向上。然后右腿屈膝提起，右脚前踢；右手同时以手背迎击右脚面，拍击后右手向上托起。（图230~图232）

图230

图231

图232

【要领】

双手向上再向两侧分开，此动作称为"披身"，具有分开对方双臂向外推按之意。打开对方大门，我即可踢打制胜。

第四十七式 右打虎势

右脚向右横移落步，腰右转向南，做"右打虎"，动作与第四十五式"左打虎势"类似，唯左右相反，方向不同。（图233、图234）

图233

图234

第四十八式　盖马捶

重心前移，双手分向两侧。然后以左脚内侧向前上踢出；同时，左拳变掌，两手在胸前相合，以右拳击左掌。（图235、图236）

图235　　　　　　　　图236

【要领】

"盖马捶"为八卦掌的动作。下踢上砸，要威猛同步。

第四十九式　拗步措捶

1. 左脚向东南落步，然后重心前移；双手在胸前向左向前向右划圆；同时，右脚向前提起。（图237、图238）

2. 右脚右移落地，重心前移，左脚再上前一步；同时，双手收至胸前。然后重心前移成左弓步，双手向前推出。（图239、图240）

图237

图238

图239

图240

【要领】

此式是双手在胸前顺时针划一个平圆，有"揉搓"制敌之意。右脚向前再向右移落步，有扫踢之意。

第五十式　双拳贯耳

1. 腰右转向正南，左脚尖内扣，右脚收至左脚内侧；然后身体下沉，双手向内向下收至腹前，掌心向上。（图241）

2. 身渐起，右膝提起；同时，双手掌心翻朝下，向两侧移至胯旁。然后右脚上步，重心前移成右弓步；同时，双手变拳，从两侧向外向前上再向内弧形合击，两拳与头同高，拳眼向下，拳心向外。（图242、图243）

图241　　　　　　图242　　　　　　图243

【要领】

"双拳贯耳"，传统套路有的称"双风贯耳"或"双峰贯耳"，是以双拳击打对方太阳穴或双耳的技法。弓步与贯耳要同时到位。

第五十一式　抱月分手

双拳变掌，腰微左转，左脚尖外撇，然后重心后移成右仆步；双手随身向两侧弧形落至接近地面，掌心向上做"抱"势。接着腰右转向南，左脚尖内扣，右脚尖外撇，重心前移成右弓步；双手随身向上托至腹前。（图244~图246）

图244

图245 　　　　　　　图246

【要领】

"抱月分手"的后坐是避开对方来势，引进落空，然后反退为进。"分手"是双手向两侧弧形向下运行，分自己的手，也是分对方的手。

第五十二式 左蹬脚

重心前移，左腿屈膝提起，双手收至胸前。然后蹬左脚，双手向两侧推按。（图247、图248）

图247 　　　　　　图248

第五十三式 转身蹬脚

1. 左脚收至右脚内侧，不落地；左手向右，掌心向下，右手掌心向上，双手成左捋势。然后双手左捋，左脚向右前踢出。（图249、图250）

图 249　　　　　　　　　图 250

2. 左脚内扣落步，右手收至左手下，双手成抱球势。然后腰右转180°向北，重心移至左脚，向北做右蹬脚，动作与第三十六式动作2类似。（图251~图253）

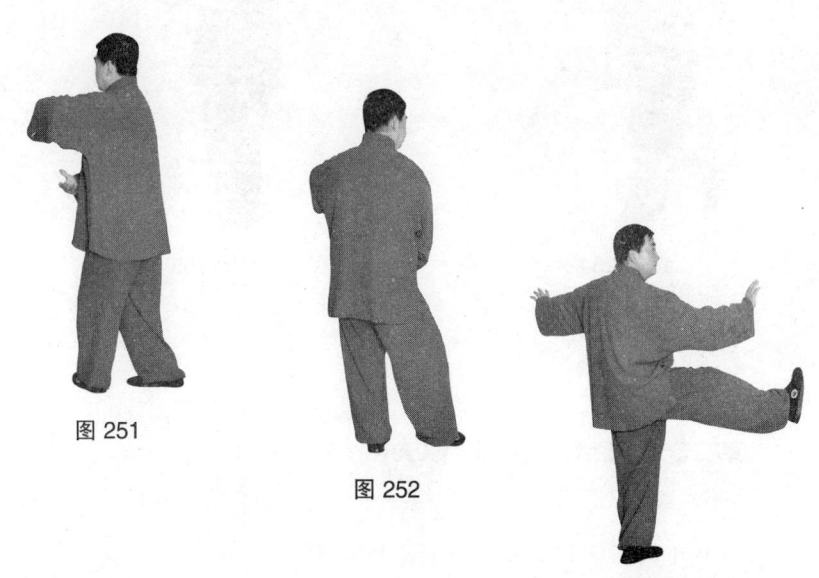

图 251

图 252

图 253

第二章　杨式八卦太极拳动作详解 | 99

【要领】

转身之前的双手左捋，左脚向右勾踢，是手脚配合的常用技击术，可使对方重心失去平衡而倾倒。转身动作要腰、手、脚协调同步。

第五十四式　进步搬拦捶

右脚落地，双手向前做一个"手挥琵琶"（参见图65），然后做"进步搬拦捶"，动作同第八式。（图254、图255）

图 254 　　　　　　　　图 255

第五十五式　如封似闭

同第九式"如封似闭"。（图256、图257）

图 256

图 257

第五十六式　抱虎推山

1. 左脚尖内扣，腰右转向东；双手同时在胸前以腕部交叉，掌心向前，右手在外。然后将右脚向左脚左前侧以脚尖外撇上步，双手向上再向两侧伸开，身体同时下沉。（图258、图259）

图 258

图 259

第二章　杨式八卦太极拳动作详解 | 101

2. 腰右转向南，右脚尖外撇，左脚随身向左后退步，重心前移成右弓步；同时，左手向前推挡。（图260、图261）

图260

图261

3. 腰微左转，左脚尖外撇；同时，右手随身向右推挡，左手收至左胯旁。然后腰左转向北，左脚尖外撇，右脚尖内扣，重心前移；同时，左手向左推挡，右手收至右胯旁。（图262、图263）

图262

图263

4. 腰右转向东,重心及脚尖移成马步,双手伸向两边。然后身体下沉,同时双手向内向下合。接着身体渐起,双手分别伸向两侧,掌心向前。(图264~图266)

图 264

图 265

图 266

【要领】

"抱虎推山",与第十六式"抱虎归山"有所区别。这是将对方身体或手臂向左右推按,使其失去重心而仆倒的技法。要保持上体正直,下盘稳健,以腰肌带动双臂,内外上下协调一致。

第五十七式　回身搂膝拗步

1. 右手向左运至左胸前，同时臂外旋使掌心向上，左手内收，掌心向下，双手成捋势。然后蹬左腿，重心移至右腿，右腿站直，左腿屈膝提起；同时，双手先向右捋，接着右手收至右耳旁，手心向左，左手收至腹前，手心向下。（图267、图268）

2. 左脚向东北方向上步，重心前移成左弓步；双手同时做左搂膝拗步。（图269）

图 267 　　　　　图 268

图 269

3. 重心前移，右腿提起，左手前伸，然后以腰为轴，左脚尖内扣，右腿外摆，身体右转180°向西南；双手随身而动，完成一个"空中转体"。（图270、图271）

图270

图271

4. 右脚向前落步，重心前移成右弓步；双手同时做右搂膝拗步。（图272）

图272

【要领】

右捋的动作要和左搂膝拗步连接得顺遂自然，空中转体要先把重心稳定在左腿，转体时上体不可歪斜扭动。

第五十八式　抱琵琶

腰微左转，重心后移；右手前伸，左手置于右肘内侧，成抱琵琶势。此式实际上是由搂膝拗步向下一式的过渡动作。（图273）

图 273

第五十九式　揽雀尾

腰微左转，再右转；同时，右手收至胸前，左手移至右前臂中心，成挤势。然后按第一式"揽雀尾"，向西南方向做挤、按、迁、捧、挂、定的动作。（图274、图275）

图 274　　　　　　　　图 275

第六十式　斜飞势

腰右转向西，重心右移，左脚向左横迈一步；同时，右手下沉，左手收至右肘下方，双手成抱球状。然后重心稍左移，成马步；同时，左手向左上运行，高与头齐，掌心向右。（图276、图277）

图 276　　　　　　　　图 277

第二章　杨式八卦太极拳动作详解 | 107

【要领】

斜飞势的动作，是将对方来手向左上引开，使其势背。上体要正直，下盘要稳健。

第六十一式　野马分鬃

1. 腰左转向南，重心前移，左脚尖外撇，右脚尖内扣；双手随身移动。然后右脚跟半步落地，重心后移成左虚步；双手收回，左手在胸前，掌心向下，右手在腹前，掌心向上，两手呈抱球状。（图278、图279）

图278　　　　　　　　图279

2. 重心前移，双手随身前推；接着腰左转向东，左脚尖外撇，右脚向左脚内侧上步；双手随身转动。然后重心移至左腿，右脚向右横迈一步，重心稍右移成马步；同时，双手左右分开。此为"右野马分鬃"。（图280~图282）

图 280 　　　　　　图 281 　　　　　　图 282

3. 腰右转向南，重心前移，右脚尖外撇，左脚尖内扣；双手随身移动。然后左脚跟半步落地，重心后移成右虚步；双手收回，右手在胸前，掌心向下，左手在腹前，掌心向上，两手呈抱球状。（图 283）

图 283

第二章　杨式八卦太极拳动作详解 | 109

4. 重心前移，双手随身前推；接着腰右转向西，右脚尖外撇，左脚向右脚内侧上步；然后重心移至右腿，左脚向左横迈一步，重心稍左移成马步；同时，双手左右分开。此为"左野马分鬃"。（图284、图285）

5. 重复动作1、2，再做一个"右野马分鬃"。（图286）

图 284 　　　　　　图 285

图 286

【要领】

野马分鬃的双手抱球，要像两块磁铁，互相有吸引力。两手分开的时候，也像在磁场中运行，以增加内气的运行和内劲的增长。

第六十二式　玉女穿梭

1. 腰右转向南，右脚尖外撇，重心前移成右弓步；双手随身右移。然后右手翻朝下，左手翻朝上；腰微左转，右脚尖内扣；双手向下按。（图287、图288）

图287

图288

2. 身渐起，重心右移，左脚向左前上步，重心再移向左腿；同时，双手上提，右手稍前伸，手指向上，掌心向左，高与肩齐，左手在胸前，掌心向下；然后右脚上前一步，重心前移。（图289、图290）

图289

图290

3. 左脚抬起稍向前跟步，重心后移；同时，左手向前上伸，右手略沉，双手掌心相对。（图291）

图291

4. 右脚向后退一步，左脚再向后退一步，重心后移；然后右手从左臂内向上穿掌，掌心向内，左手落至右肘下，掌心斜向下。（图292、图293）

图292

图293

5. 右臂内旋，掌心向左前，左臂外旋，掌心向内上；左脚向左横迈一步，然后重心左移，身体下沉，成右仆步；双手同时向左下捋。（图294、图295）

图294

图295

6. 左臂内旋，使掌心向下，右臂外旋，使掌心向上；接着重心右移，双手同时向右推。（图296）

图296

7. 蹬左腿，身渐起，左脚收至右脚内侧；双手随身而起。然后右脚上步，脚跟着地，成右虚步；右手同时向上伸至头部右前，掌心向前，左手向前推出，手指向上，掌心向前。此为第一个"玉女穿梭"，方向是东南。（图297、图298）

图297 　　　　　　　　图298

8. 右脚尖内扣，腰左转180°，重心在右腿；双手随身转动，同时左手向前上伸出，右手收至胸前。然后右脚向前上一步，左脚收至右脚内侧；同时右手向上，左手收至胸前。（图299~图301）

图299

图300

图301

9. 右脚向后退一步，左脚再向后退一步。然后左手上穿；右脚再向右后退一大步，重心后移成左仆步；双手同时向右下捋。（图302~图305）

图 302

图 303

图 304

图 305

10. 身渐起，右脚收至左脚内侧，双手随身而起。然后左脚向前上一步，脚跟着地成左虚步；左手同时向上伸至头部左前，右手向前推出。此为第二个"玉女穿梭"，方向是西北。（图306、图307）

图 306　　　　　　　　　图 307

11. 左脚尖内扣，腰右转 90°向东北。左脚向左前上步，同时，右手向前上伸，左手在胸前。然后右脚上前一步，重心前移。以下动作同动作 3~7，唯方向不同。此为第三个"玉女穿梭"，方向是东北。（图 308~图 312）

图 308　　　　　　　　　图 309

图 310　　　　　图 311　　　　　图 312

12. 重复动作 8~10，唯方向不同。此为第四个"玉女穿梭"，方向是西南。（图 313、图 314）

图 313　　　　　图 314

【要领】

"玉女穿梭"是本套路较为复杂的动作之一。但四个方向的动作基本相同和对称。概括起来,就是上两步、退两步,然后穿掌大捋,再上步穿梭。大捋的动作要接近地面捋,接近地面送。整体动作要连贯顺畅,大气磅礴。

第六十三式　换步双撞掌

1. 左脚尖外撇,腰左转向南;右臂外旋,手心翻朝上,左手下沉,掌心向下,双手同时随转身向左捋。(图315)

2. 左臂外旋,掌心翻朝上,右臂内旋,掌心翻朝下;左脚后退一步,重心后移。然后重心前移,左手向前伸出,右手向下收至右胯旁。(图316)

图 315

图 316

3. 重心后移至左腿，左手回收，右手向前，双手同时移至胸前，掌心向下。然后右腿提起前伸；双手同时向上向两侧伸开，掌心向前下。（图317、图318）

图 317

图 318

4. 右脚向前上步落地，左脚紧接着向前上一步，然后右脚再跟进半步；同时，双手随身向前撞击。（图319）

图 319

【要领】

换步要稳健,第 3 动的上步和跟步要迅疾威猛。

第六十四式　揽雀尾

同第一式"揽雀尾",但不做左掤。接上势,左脚后退一步,腰微左转抱球,从第一式第 7 动开始,做右掤、捋、挤、按、迁、捧、挂、定。(图 320)

图 320

第六十五式　十字双鞭

同第二式"十字双鞭"。(图 321)

图 321

第六十六式　云劈手

1. 腰微左转，左脚尖外撇，重心左移；右手向下向左移至左膝前，掌心向左，左手下沉，掌心向下。然后右脚向左移动15~20厘米落步；右手向上挑起。此动为"撩"。右手以手指引领继续向上云至左肩前，此动为"穿"，左手随之下落。（图322~图324）

图 322

图 323

图 324

2. 腰微右转,重心渐渐右移;右臂内旋,随身向右移动至右肩外侧,掌心向前。此动为"挂"。(图325)

3. 右手以小指一侧向右下砍击,此动为之"劈"。右手继续向下砍击,此动为之"截"。然后右手向下运至右膝旁,手指向下,此动为"插"。同时左手运至右膝前,此动为"推"。(图326~图328)

图325

图326

图327

图328

4. 左脚向左移动 15~20 厘米落步，腰微左转，重心左移；左手随身同时做"撩""穿""挂""劈""截""插"动作。右手做"推"动作。动作过程与动作 1~3 相同，唯左右相反。（图 329~图 331）

图 329

图 330

图 331

以上动作，右手向右，左手向左，合称为"一个云手"。

5. 重复动作 1~4，视场地情况，共作 3~5 个云手。

【要领】

"云劈手"与"云开手"外形大致相同，但内涵不同。前者为提、掤、挂、扔、滚、按、推，后者为撩、穿、挂、劈、截、插、推。要在运用中逐渐体会差别。

第六十七式　斜单鞭

1.当最后一个云手将左手"劈"下之后（图332），腰左转向北，左脚尖外撇，右脚向左脚内侧上步；同时，右手向前穿出，掌心向左，左手收至右肘内侧；然后左手再从右手下面向前穿出，右手回收。（图333、图334）

图332

图333 　　　　图334

2. 右手手指背面贴于左手心；右脚后退一步，然后左脚尖内扣，腰右转向东；双手同时向右，左手推右手，以右肘向右横击。此动为"顶肘"，是八卦掌中的"倒拉风车"。（图335、图336）

3. 左脚尖内扣，右脚尖外撇，腰右转向南；同时，右手掌心翻朝上，左手贴于右手心，弧形向前穿出。然后左脚向前跟半步，重心后移成右虚步；双手同时回收，右掌心翻向前下。（图337、图338）

图335　　　　　　　　　图336

图337　　　　　　　　　图338

4. 蹬左腿，重心移至右腿，左脚稍向前提起；双手同时向前平穿。然后左脚后退一步，腰左转向东，右脚尖内扣，左脚尖外撇，重心稍左移成马步；同时，右手变钩手，左手从胸前向左弧形运至身左，掌心向前。（图339、图340）

图339　　　　　　　　　图340

【要领】

"斜单鞭"的"倒拉风车"，只存其意，运用时可向右猛击。"斜单鞭"的定势，在此套路中仍为正向。

第六十八式　抽身下势

1. 重心移至左腿，右脚提起，伸向左脚左前方；右钩手变掌，随右脚同时收至左胸前，左手同时收至左肩前，双臂交叉，右臂在外；接着左手先变钩手（其意为"拿"），右手再变钩手。然后右脚向右横迈一步，重心右移；双手随身移至右肩前，并将

钩手变掌，右手在左手之上。此动为"抽身"。（图341、图342）

图341

图342

2. 右脚尖外撇，腰左转，右腿屈膝，身体下沉，成左仆步；右手同时变钩手伸向右后，左手向下向前伸向左膝内侧，目视左前。此为"下势"。（图343）

图343

【要领】

抽身与下势要自然连接,是向后划一个半圆,不要有棱角。下势的定势,右膝要与右脚尖方向一致,不要扣膝。上体要正,不可歪斜。

第六十九式 金鸡独立

1. 重心前移,右脚尖内扣,左脚尖外撇,然后蹬右腿,左腿站直,右腿提膝随身向前踢出,再将小腿收回,成独立势;同时,右手前伸,再收至胸前,手指向上,掌心向左,左手置于腹前,手指向右,掌心向下。此为"左金鸡独立"。(图344~图346)

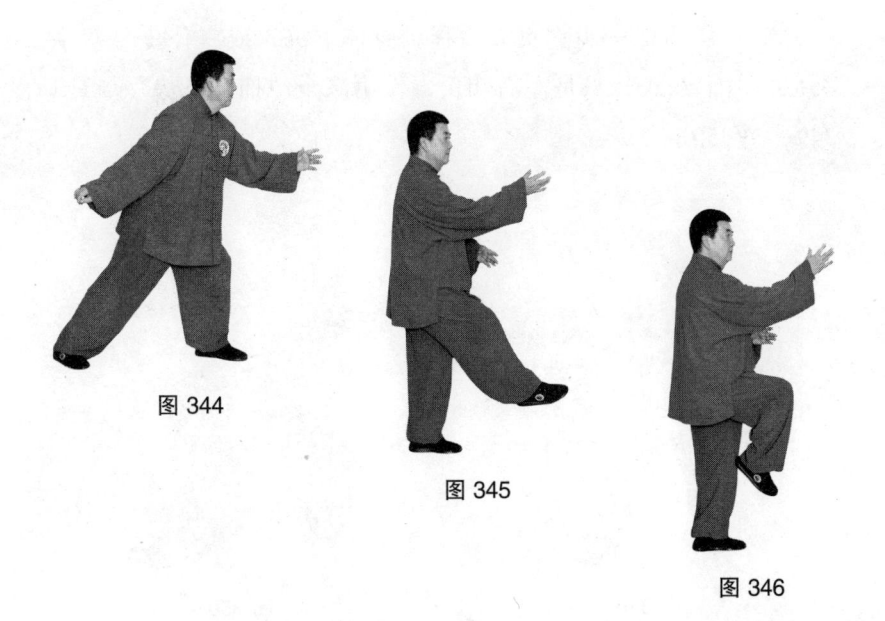

图 344

图 345

图 346

2. 右脚上前一步落地，左脚再上一步，成左虚步；随上步，左手前伸，右手收至左肩前。此势意为以我双手锁住对方的手臂。（图347、图348）

图347

图348

3. 左脚后退一步，重心后移，身体下沉，成右仆步，双手类似第六十八式，只是左右相反，做第二个"抽身下势"。（图349、图350）

图349

图350

4. 重心前移，上左步，做"右金鸡独立"。动作与动作 1 类似，只是左右相反。（图 351、图 352）

图 351

图 352

【要领】

此式名为"金鸡独立"，实为"左金鸡独立""抽身下势""右金鸡独立"三个动作的组合。左右对称练习，可增加身体灵活性。

"金鸡独立"的动作，在自己练功时，可以闭着眼睛停一会儿，锻炼并提高自己的稳定性。

第七十式 倒撵猴

1. 左脚向左后退一步，重心后移，身体略沉；左手随身下

按至腹前，右手变钩手，收至右前方。此为"左倒撵猴"。（图353）

图 353

2. 重心全部移至左腿；右钩手变掌，收至右肩前，掌心向前，左手稍向回收。然后右脚后退一步，重心后移，身体略沉；右手随身下按，左手变钩手收至左前方。此为"右倒撵猴"。（图354、图355）

图 354 　　　　　　　　图 355

3. 与动作2相同,唯左右相反,做"左倒撵猴"。(图356、图357)

图356

图357

"倒撵猴"的动作,做3~5个,只能是单数。

【要领】

此式与第十八式的"倒撵猴"稍有不同。前者的定势是八卦掌的"双白蛇吐信",此式近似传统练法,是对付对方"野马分鬃"时敌进我退的积极防御技法。退步要稳健沉着,实用中要与对方劲力协调。

第七十一式　十字双鞭

右脚后退一步，腰右转，重心右移，双手随身右移，然后按第二式的动作3、4做十字双鞭。（图358~图360）

图358

图359

图360

第七十二式　提手上势

同第三式"提手上势"。（图361）

图361

第七十三式　凤凰展翅

同第四式"左右凤凰展翅"。（图362~图364）

图362 　　　　　　图363 　　　　　　图364

第七十四式　白鹤亮翅

同第五式"白鹤亮翅"。（图365）

图 365

第七十五式　搂膝指底

1. 身渐起，右脚向右后落步；双手随身上收。然后重心移至右腿，左腿屈膝提起；右手收至右耳旁，掌心向左，左手收至右胸前，掌心向下。（图366、图367）

图 366 　　　　　　　　图 367

2. 左手向前向左搂膝；左脚向前上步落地，右脚再上一步，然后重心放在左腿，身体弯腰下沉；右手以手指向下插至接近地面，掌心向左，左手随之下落，掌心向下。（图368~图370）

图 368

图 369

图 370

【要领】

插地即"指底"的动作，要用意念将气劲插至地下。重心要稳在左腿，气血下沉，不可撅臀。联系前面，对"搂膝拗步""搂膝指面""搂膝指底"的动作可加以区分，不可混淆。

第七十六式　海底针

1. 身渐起，双手上提至胸前，左手按在右手的手腕上；然后右脚后退一步，双手继续上举。（图371、图372）

图 371

图 372

2. 重心移至右腿，身体弯腰下沉；双手同时向下落至左脚两侧。手指向下，掌心向内。（图373）

图 373

【要领】

"搂膝指底"与"海底针"的定势近似。前者是在搂膝进步中向下插击,后者是在退让中向下插击,要根据对方劲力而随机应变。

第七十七式 扇通背

1. 身渐起,右手向上托起;然后左腿屈膝提起,左手收至右臂外侧,双手在肘部交叉,左手掌心向外,右手掌心向内。(图374、图375)

图374

图375

2. 右臂内旋向上，掌心向前；然后左脚上步落地，腰右转向东，左脚尖内扣，身体下沉成马步；左手向左推出，掌心向外，右手举至头部右上侧，掌心向前。（图376、图377）

3. 腰微右转，左脚尖内扣，重心移至左腿，右脚稍回收；同时，左手伸至头部左上侧，右手前伸。然后右脚向东南方向上步，重心前移成右弓步；右手随之前推。（图378、图379）

图376　　　　　　　　图377

图378　　　　　　　　图379

【要领】

扇通背，有左右御敌之功效。在意念上，要有气遍身躯，内气由根基向四外发散的恢宏态势。本式有两个扇通背，前者与一般传统套路基本相同，后者与前者左右对称，增加了动作的应变性。

第七十八式　上步搬拦捶

1. 腰微左转，重心移向左腿，双手左移；右脚提起向前上步，腰右转，做"右搂膝拗步"。（图380、图381）

图380

图381

2. 右脚尖内扣，重心移至右腿，腰左转向北，左腿提起随身左转；然后左脚上步，做"左搂膝拗步"。（图382、图383）

图 382

图 383

3. 右脚上步；右掌变拳，臂内旋，左手伸至右拳左侧，做"搬"的动作。然后左脚上步；右拳收至胯旁，左手前伸，做"拦"的动作。（图384、图385）

图 384

图 385

4. 右脚上步；左手下按，右拳向前上方以"钻"劲击出，即在右拳上击的同时，臂外旋，以螺旋劲击打，更有穿透力。（图386）

图386

【要领】

此式的两个"搂膝拗步"是过渡动作。"搬""拦"的动作与前式类似，"捶"的动作不是向前，而是以"钻"劲向前上，要注意区分和体会。

第七十九式　穿梁挤肘

1. 腰左转向西，左脚跟内扣，右脚尖内扣；双手同时伸向身体两侧。接着腰左转向南，左脚尖外撇，然后重心前移，右脚

提起；右拳向前击出，左手收至右腋下。（图387~图389）

2. 右脚用力以脚内侧向前踢出；同时，左手猛力向前推出，右拳收至右肩外侧。以上两动谓之"穿梁"。（图390）

图 387

图 388

图 389

图 390

3. 右脚向前上一步，左脚再上一步；右拳收至右胯旁。然后腰微左转，右脚跟抬起，左脚尖尽量外撇落地，身体下沉；同时，右拳右肘向前挤出，左手置于右肘内侧。此势为八卦掌的"懒龙卧道"。（图391~图393）

4. 身上起，右脚迅疾上步，左脚随之跟半步；右拳右肘快速随身前挤，左手同时向回收。（图394）

图 391

图 392

图 393

图 394

【要领】

"穿梁挤肘"的动作2、4，都要迅猛快速，手臂与步法要紧密配合，上下相随，轻灵沉稳。"懒龙卧道"要在收、沉、蓄的态势中饱含发放之潜能，体现"收即是放"的要旨。

第八十式　揽雀尾

同第一式"揽雀尾",但不做"挤"之前的动作。接上势,重心后移,双手同时逆时针划圈收至胸前,做"按"的动作。然后做"迁""捧""挂""定"。(图 395)

图 395

第八十一式　十字双鞭

同第二式"十字双鞭"。(图 396)

图 396

第八十二式　云叠手

1. 腰右转向南，右脚尖外撇；左手从头部左侧经头上向前下按，右手落至胯旁。此动为"云叠手"之"盖"，是八卦掌中的"脑后摘盔"。（图397、图398）

2. 左手继续下按，右手从左手内侧向上"穿"出。然后重心后移，右肘带动右手下沉至胸前，此为"曳掌"。（图399、图400）

图397

图398

图399

图400

3. 重心稍前移；右手五指同时向前下"插"，左手举至头部左侧。（图401）

4. 右手以腕力向上"挑"，掌心向左，左手落至腹前。然后右手臂外旋，向上"托"；接着腰微左转，右手向上向右"旋"，掌心向左。（图402~图404）

图401

图402

图403

图404

5. 腰微左转,按动作 1~4 左右相反的方式,右手"盖",左手"穿""曳""插""挑""托""旋"。(图 405~图 411)

图 405

图 406

图 407

图 408

第二章　杨式八卦太极拳动作详解 | 149

图 409

图 410

图 411

"云叠手"左右算一个,视场地情况,可做3~5个。

【要领】

至此,已有三种云手:云开手、云劈手、云叠手,都不完全相同,要注意区分,并在熟练掌握的基础上体会其内涵。

第八十三式　斜单鞭

同第三十四式"斜单鞭"。（图412~图414）

图412

图413

图414

第八十四式　三掩肘

1. 右脚稍向前跟步；右手随身向前向上穿掌，左手回收；然后左手向上穿掌，右手下沉。（图415、图416）

2. 腰右转，重心右移；双手向右后做大捋，并将左手放在右前臂上。然后腰左转，右脚收至左脚内侧，身体下蹲；右肘随身向下压。此动为"掩肘"。（图417、图418）

图415　　　　　　　　图416

图417　　　　　　　　图418

3. 身渐起，左脚后退一步；右手向上伸出，手背向外。八卦掌称此动为"翻背掌"。接着腰左转，重心左移；双手向左后做大捋，并将右手放在左前臂上。然后腰右转，左脚收至右脚内侧，身体下蹲；左肘随身向下压。此动为第二个"掩肘"。（图419~图421）

图419

图420  图421

4. 身渐起，右脚后退一步，左手向上翻背掌。以下按动作 2 做第三个"掩肘"。（图 422~图 424）

图 422

图 423

图 424

【要领】

三掩肘的动作，突出肘的作用，有裹、拧、缠、击等法，劲力威猛，适于近战。所谓"远拳近肘贴身靠"。但要保持全身平衡，以腰为主宰，体松劲整。

第八十五式　十字摆莲

1. 身渐起；双手在胸前以腕部十字交叉，掌心向内，右手在外。然后双臂同时内旋，使掌心向外。（图425、图426）

2. 腰右转向东，右脚尖尽量外撇落地，然后重心移至右腿，腰右转向南，左腿提起，随转身摆向右脚左前方落地；双手随身移至身前，掌心向下。（图427、图428）

图 425

图 426

图 427

图 428

3. 重心移至左腿，右脚向左向上向右用力摆踢；双手从右向左迎击右脚面。右脚在右前方落步，双手同时下落。（图429、图430）

图 429　　　　　　　　　图 430

【要领】

摆莲的动作，要下盘稳健，上体正直，以意行气，以气运身，迅捷威猛，不可前俯后仰。

第八十六式　弯弓射虎

1. 重心前移，双手变拳，收至右胸前；接着左脚向前上一步，左拳左移，右拳向前；然后右脚向前上一步，双拳同时伸向前上方。（图431~图433）

2. 左脚向左前上一步，重心前移；双拳向左捋，左拳收至面部左侧，拳心向外，右拳收至腹前，拳心向内。（图434）

图431

图432

图433

图434

【要领】

动作1的左脚右脚上步，称为"锁腿"，都有与双臂动作配合，使对方失去重心而倾倒的技击功能，要上下相随，内外相合。"射虎"动作则是先以捋法使对方失稳，待其后撤时顺势回击。

第八十七式　进步指裆捶

1. 右脚向右上一步，重心右移；左拳变掌，随身向右前按出，右拳收至身左。（图435）

2. 左脚向前上一步，左手收至右腹前；然后重心前移，右拳向前击出，左掌置于右肘内侧。（图436、图437）

图435

图436 　　　　　　　　图437

【要领】

"指裆捶"与"栽捶"类似,只是右拳向前直击,打对方裆部。

第八十八式 揽雀尾

右脚收至左脚内侧,双手做"按"的动作;然后做"迁""掤""挂""定"的动作。(图438)

图 438

第八十九式 十字双鞭

同第二式"十字双鞭"。(图439)

图 439

第九十式　下势

1. 身体下沉，双手随之下沉。然后腰微左转，左脚尖外撇，右脚向左脚左前方上步；同时，左手收至右肩前，右手收至左前臂外侧，双手均呈钩手状（意为锁住对方手臂）。（图440、图441）

2. 右脚向右横迈一步，重心右移，身体下沉成左仆步；同时，右钩手向后，左手变掌，向下向前插出。（图442、图443）

图440

图441

图442

图443

【要领】

此式在下势之前,有一个锁拿对方手臂的过程,随对方劲力,先引进落空,再顺势进击。

第九十一式 上步七星

1. 重心前移,左脚尖外撇,做金鸡独立。(图444、图445)

图444

图445

2. 右脚后退一步落地,重心后移,双手分向两侧。然后左脚抬起向前落步,右脚随即再向前上一步,左脚跟半步,重心移向左腿;双手同时移向胸前以腕部相交,掌心向内,右手在外,双手拇指和食指均张开成八字形。(图446~图448)

图 446

图 447 　　　　　　图 448

【要领】

退步要缓，上步要快，手脚要同步，上体要正直。

第九十二式　退步跨虎

1. 双臂内旋，左手前伸，右手置于左臂内侧，双手掌心都向左；腰微右转，右脚向右横迈一步。然后腰右转向东，重心移至右腿；双手随身转动，左臂外旋，手心向右。（图449、图450）

2. 左脚提起前伸不落地，左手变钩手伸向身左，右手同时推出。（图451）

图449

图450

图451

【要领】

"退步跨虎"，是退右步之后，左手向左、左脚向右的反向运动，可利用杠杆原理使对方向我左侧倾倒。要脚跟站稳，上下协调。

第九十三式　转角摆莲

1. 腰微左转，双手向内一合，手指相对，掌心向外。接着腰右转，左脚随身向右前方脚尖尽量内扣落地，然后腰继续右转向北，左脚尖外撇，右脚跟外撇；双手随身在胸前转动。（图452~图454）

图 452

图 453 　　　　　　　　　　图 454

2. 左脚上前一步，重心前移，然后右脚提起，向左向上向右摆踢，在左脚右前落步；双手随摆腿从右向左迎击脚面。（图455~图457）

图 455

图 456

图 457

【要领】

动作 1 是要连续转身 270°，左脚要随转身尽量向右扣脚落步。这一步的转身幅度大些，后面的转身就易于进行。摆腿的动作要上体正直，上下相随，迅猛有力。

第九十四式　弯弓射雁

1. 重心前移，双手变拳，右拳移至头部右侧，左拳收至右胸前。然后左脚尖外撇上步，腰微左转，身体下沉，成歇步；右拳随上步向前下方击出，拳心向右。（图458、图459）

2. 身渐起，右脚上前一步，重心前移；右臂外旋，右拳变掌向前托起，掌心向上。然后腰左转向西，左脚尖外撇，右脚尖内扣；同时，右臂内旋，掌心向后，左手置于腹前。（图460、图461）

图 458

图 459

图 460

图 461

3. 腰继续左转向东，左脚尖外撇，右脚尖内扣，身体略沉，成左插步；左手随身伸向左，掌心向下，右手向右，五指向上，掌心向前。此势为八卦掌"龙形"的定势。（图462、图463）

4. 腰右转360°，双脚尖随之内扣外撇，变右插步；双手随身转动，成为与上动左右相反的"龙形"定势。（图464、图465）

图462

图463

图464

图465

【要领】

"弯弓射雁"的歇步、插步,要重心稳定,沉着顺遂。转身时脚尖的内扣外撇要灵活,手臂的运行要与身法步法紧密配合。

第九十五式 揽雀尾

腰左转向西,双手随身转动。然后向西北方从右掤开始做揽雀尾的动作。(图466、图467)

图466

图467

第九十六式 十字双鞭

同第二式"十字双鞭",但方向是西南。(图468)

图 468

第九十七式　回身左右搂膝

腰左转向东南，做左搂膝拗步，再右转向西北，做右搂膝拗步。（图 469、图 470）

图 469 　　　　图 470

第九十八式 抱琵琶

左脚上步,右脚收至左脚内侧;右手向前上,左手稍收,双手前后相合,做抱琵琶势。(图 471)

图 471

第九十九式 进步按

左脚向左前进一步,右脚收至左脚内侧;同时,双手掌心向下按至腹前。(图 472)

图 472

第一〇〇式 上步掤挤

右脚向右前方上步，左脚收至右脚内侧；右手同时向前上方掤出，左手随之前挤。（图 473）

图 473

第一〇一式　闪步搬拦捶

腰左转向南，左脚向前上一步，右脚再跟半步；双手同时随转身左将，此为"搬"。接着上右步，右手回收，左手向前右"拦"。然后右脚上步，重心前移，右手变拳向前击出，此为"捶"。（图474~图476）

图 474

图 475

图 476

第一〇二　如封似闭

同第九式"如封似闭",唯方向向南。(图 477、图 478)

图 477

图 478

第一〇三式　合太极

1. 双手以腕部交叉收至胸前,掌心向内,右手在外;腰左转向东,左脚尖外撇,右脚尖内扣。然后身体下沉,双手向下;

接着身体渐起,双手向两侧分开,再向上举至头顶,双手上举时配合吸气;同时两脚跟提起,身体有对拉拔长之感。(图479、图480)

2. 脚跟落地,双手从胸前缓缓下落至两胯外侧;再将左脚内收,气沉丹田,回复预备姿势。全套演练结束。(图481)

图479

图480

图481

图书在版编目(CIP)数据

杨式八卦太极拳 / 李随印著；路迪民整理. -北京：人民体育出版社，2018
ISBN 978-7-5009-5226-8

Ⅰ.①杨… Ⅱ.①李… ②路… Ⅲ.①太极拳-套路（武术） Ⅳ.①G852.111.9

中国版本图书馆 CIP 数据核字（2017）第 212860 号

*

人民体育出版社出版发行
三河兴达印务有限公司印刷
新 华 书 店 经 销

*

880×1230　32 开本　6.25 印张　140 千字
2018 年 2 月第 1 版　2018 年 2 月第 1 次印刷
印数：1—5,000 册

*

ISBN 978-7-5009-5226-8
定价：25.00 元

社址：北京市东城区体育馆路 8 号（天坛公园东门）
电话：67151482（发行部）　　　邮编：100061
传真：67151483　　　　　　　　邮购：67118491
网址：http://www.sportspublish.cn
（购买本社图书，如遇有缺损页可与邮购部联系）